给中产阶层的投资理财书

吴　宾◎著

当代中国出版社
Contemporary China Publishing House

图书在版编目(CIP)数据

给中产阶层的投资理财书 / 吴宾著. --北京：当代中国出版社, 2022.8

ISBN 978-7-5154-1162-0

Ⅰ.①给… Ⅱ.①吴… Ⅲ.①投资－基本知识 Ⅳ.①F830.59

中国版本图书馆CIP 数据核字（2022）第 015738号

出 版 人　冀祥德
责任编辑　陈　莎
策划支持　华夏智库·张　杰
责任校对　康　莹
出版统筹　周海霞
封面设计　尚世视觉
出版发行　当代中国出版社
地　　址　北京市地安门西大街旌勇里 8 号
网　　址　http://www.ddzg.net　邮箱：ddzgcbs@sina.com
邮政编码　100009
编 辑 部　(010）66572264　66572154　66572132　66572180
市 场 部　(010）66572281　66572161　66572157　83221785
印　　刷　三河市长城印刷有限公司
开　　本　710 毫米 ×1000 毫米　1/16
印　　张　13.5 印张　200 千字
版　　次　2022 年 8 月第 1 版
印　　次　2022 年 8 月第 1 次印刷
定　　价　58.00 元

推荐序

吴宾老师是我在投资理财领域多年的良师益友，我们在建立个人、家庭资产配置组合方案的过程中经历非常大的考验后，积累了大量的实操经验，并获得了深层次的人生体悟。怎么讲呢？在十多年的投资理财实践中，我们接触了大量的个人投资者，这让我们深深感受到个人的内在特质和其外在财富显化之间的一一对应关系。

“人间正道是沧桑”，建立能抵抗人性弱点和经济周期风险的家庭资产配置组合方案是投资者逐步认清自我的过程。而本书，详细给出了中产阶层应如何进行家庭资产配置等的建议，非常值得广大中产阶层人士一读。

在本书中，吴宾老师用了三章的篇幅来阐述财富层面的“因果定律”，因此，本书与其说是给中产阶层提供投资理财的建议，不如说是在哲学层面为中产阶层提供建立良好家庭资产配置的指导。

致富是有科学体系的，每个人生来也都具有某种天性特质。自我认知清楚了，依据天性特质进行专项培养就能具备独特的为社会服务的能力，这是任何力量都剥夺不了的赚钱本领。由此，让我想到了五句话：“何期自性，本自清净；何期自性，本不生灭；何期自性，本自具足；何期自性，本无动摇；何期自性，能生万法。”这也对应着吴宾老师的感悟之言，他认为，每个人生来就具备富裕的特质。其中，家庭教育非常关键，培养“内心匮乏的孩子”，他一生要面对金钱的拷问；培养“内心富足的孩子”，他一生能与金钱良好相处。对此我深以为然。

关于对具体投资理财产品的选择，吴宾老师有创造性地提出了这样一个层级概念：投机层、投资层、增值层、保值层/保障层、现金管理层。简单明了，颇具指导意义。

在管理财富的选择上，吴宾老师特意提出了选择投资理财顾问的标准和原则，这一点非常重要，因为投资理财市场需要专业人士的指导，普通人想要在这个领域成为赢家非常困难，能做到的人可以说是凤毛麟角。

从西方成熟资本市场的发展历史来看，在普惠金融初始阶段，有很多没有经历过金融市场洗礼的普通中产阶层人士会发生较大的亏损。从2015年的股灾到这几年打着互联网金融旗号的各种伪金融产品，借助各种概念不断蚕食普通群众的血汗钱，让无数家庭深受其害。

对于向没有系统接触过投资理财市场的群众普及金融基本常识来说，本书可谓是一股清流，愿读者能深品其味，为自己的家庭财富建立合适的风险控制体系，做好资产配置组合方案，确保实现有品质的家庭生活。

是为序。

徐智勇

企业运营与金融培训教练、国际理财规划师

2021年12月21日于上海

自序

如今，相信已经有越来越多的人理解了投资理财对于人生的意义。

投资理财不是急功近利地买房炒股票，更不是把所有的资产都买成保险产品，而是让你了解你与金钱的关系，具备管理金钱的能力，掌握管理金钱的方法，养成良好的理财习惯，最终让自己实现财富自由。

财富管理得好，能使穷人变富人；反之，即使再富的人，财富管理不好，也会变得衰败。因此，学会投资理财，可以使一个人的财富锦上添花；相反，不懂得投资理财，财富就会在经过通货膨胀的侵蚀后逐渐缩水。

所谓投资理财，就是根据个人或家庭财务状况，运用科学的财务规划方法对财富进行管理，以满足人生不同阶段的财务支出需求，达到人生的各种目的。

投资是一门平衡的艺术，体现了长期人生规划与短期生活计划的平衡、个人情绪与市场波动之间的平衡、财富预期与现实收支的平衡、消费与投资的平衡、绝对与相对的平衡、风险与收益的平衡、坚守与放弃的平衡……只有懂得权衡与取舍，才能逐渐掌握这种平衡。

投资理财的最终目标是非劳动性收入大于生活总支出。如果单凭理财就能得到丰厚的收入，足以满足生活支出的话，那么我们就可以将更多的时间和精力投入追求人生理想当中，以一种我们更想要的方式去生活。

事业的成功是为了光荣与梦想，生活幸福不仅仅是与家人共享欢乐时光，更是为了完成我们的责任和义务。比如：对孩子，要完成养育教导的责任。子女教育是硬性需求，不能说钱不够，就推迟两年再读书。对父母，要尽到赡养的义务。做好赡养父母的计划，不仅要在金钱上做好规划，生活上也要提前做好安排。对自己和爱人，要做好退休养老规划，提前为退休准备好足够的金钱，规划好自己的退休时间，还要保证自己和爱人退休后的生活质量。

因此，为了保障家人的生活幸福指数，马上开启稳健的投资理财之路吧！

目录

第一章　财富解码

佛家说，“凡人畏果，菩萨畏因”。普通人重视结果，而不探求其中的根本原因，岂不知有果必有因，种什么样的因，得什么样的果。因是什么呢？答案不在外而在内。就像这个世界上有的人富有，有的人贫穷，这也是有内在原因的。下面就让我们来解读一下人的贫富基因、思维差距和认知区别吧。

一、解读贫富基因

大多数人认为穷人和富人的区别，在于金钱、社会地位及手中掌握权力的不同。这种区分其实是表面的、浅显的，因为即便有些人已是亿万身家，却依然是心灵匮乏的穷人。人可以通过服装和化妆甚至整容改变自己的外形和外貌，通过学位和社会荣誉来提高自己的社会地位，但这些并不能说明你已经摆脱贫穷而实现富贵。贫富区别的核心是不同的基因，贫穷基因和富贵基因是两个完全对立的属性，分别代表了两个方向，决定了人生未来的不同方向性发展。如果是贫穷基因，即便腰缠万贯、良田万顷，也是暴发户风光一时。如果是富贵基因，哪怕倾家荡产、身陷囹圄，也迟早会东山再起，再创辉煌。

贫穷是什么？“贫”是匮乏、不足的意思。“穷”指金钱或物质的稀缺。贫穷是相生相克、互为因果的关系，因为内在贫乏，致使穷困潦倒、穷途末路。由于被穷所困，无暇填补匮乏，因此会形成恶性循环。这种恶性循环的贫穷环境，会潜移默化成贫穷基因——“匮乏感和不安全感”。

电视剧《人民的名义》在一开场就是查获巨贪赵德汉。他贪污数额以亿计，满屋子的钱却一分钱都没敢用，生活依然过得非常简朴，节衣缩食。赵德汉哭着说：“我家三代贫农，穷怕了！”金钱满屋却依然无法解决内心的匮乏感和不安全感。可见，贪念源自心贫，心中的匮乏感使得自己即使拥有再多的财富也总觉得不够，所以就拼命地用物质来填补。而心中的匮乏感犹如黑洞，无论有多少物质也填不满。贫与贪，字形相似，意义有异，看似风马牛不相及，却有着必然的联系。

贫富的基因不是由多少财富决定的，而是由综合因素所形成的价值观决定的。这些因素包括家风文化传承、学识和经验的积累、人生的经验和感悟等。人对金钱的认知、对财富的理解、对人生的意义等的领悟，是经过实践的检验、时间的沉淀、财富的累积、家族的传承，根深蒂固于血液之中，贯穿人的整体思想，指导人的每一个行为，自然而然地发扬和传承的。这就是基因的力量。

贫穷基因的本质，是生活压力和不确定性带给人的不良影响，不仅仅是心理上的影响，也是生理上的影响。最新研究表明，这种影响能够遗传。很多人表面上看是事业有成、家庭幸福，典型的成功人士。但不为人知的是，他们总有一种非常强烈的不安全感，常常自我怀疑，对未来充满焦虑，甚至不敢要小孩，因为他们总觉得钱还没有攒够。长此以往，他们就会对生活中的困难反应过度，无法考虑长远，特别容易把注意力集中在短期的事情上。他们的整个身心都会被生存压力所占据，犹如“穷”字的象形字意一样深陷洞穴无力施展又无可奈何，没有能力去关注长期目标和其他更重要的事情。

解码贫富基因须从根源开始。任何贫富基因均是从家庭成长环境中孕育出来的，父母的认知是孩子的基因起源。贫穷家庭是没有轻松感的，父母大多处于对生活的焦虑之中，对金钱有着极度不安的情绪，也许因为一点儿小事，就会恶言相争，甚至大打出手，从而把内心的焦虑和生活的压力传递给孩子，孩子对金钱或物质的第一印象就是稀缺。这种稀缺感让他们内心沉重不堪。比稀缺感更可怕的是处处比较而产生的匮乏感。贫穷家庭由于资源和物质稀缺，常常会处于精打细算、锱铢必较的生活状态。对各种商品价格的比较，也会转移到人与人之间的比较，父母总是拿别人家孩子的优点与自己家孩子的缺点比，让孩子长期处在压力的环境下，他们无论做什么都战战兢兢，害怕出错，怕别人看不起自己，觉得自己没有能力、没有价值，以致失去自我，极度缺乏自信心。这种匮乏比稀缺更加严重。稀缺是贫穷基因的外壳，匮乏则是贫穷基因的内核。这种匮乏感会在潜移默化中塑造人的价值观，让人对金钱或权力产生浓厚的兴趣，想以此来证明自己或保护自己；也可能使人对金钱产生厌恶与恐惧，仇富并对社会心生怨恨。匮乏感是极其负面的，会让人恐惧不安，患得患失，想赢又怕输，不自觉间锁定了贫穷的基因。即使未来身居高位、富甲一方，贫穷基因也永远是其挥之不去的梦魇。

中国台湾大学历史学家许倬云先生曾评价台湾地区某位前领导人："……这个家族是没有什么文化的。他家穷，穷没什么可非议的，但他家穷得没文化。"言语精准，直指要害。其实贫穷不可怕，可怕的是没文化，这里的文化不是指学历和知识，而是家教。家庭教育由父母共同打造，父亲是山，代表阳刚；母亲是水，代表阴柔。刚柔相济、日月和谐，才能创造出良好的家教环境。父亲要有格局。"格"是人格有魅力，品德高尚，才能教育子女做人本分不出偏差。"局"是眼界广阔有空间，胸怀仁厚有承载，方能让孩子有大格局，未来才有可能成大气候。母亲是家庭的灵魂。母亲快乐全家快乐，母亲焦虑全家焦虑，母亲的情绪决定了家庭的温度。母亲的温柔是家庭温暖的源头，母亲的和气是家庭的调节阀、供氧机，对孩子的心灵起滋润、涵养、呵护的作用，让孩子内心平和而健康，充满爱和阳光。好的家庭教育形成好的家风、好的风水，而好风水自然是培育富贵基因的肥沃土壤。

家庭教育是家风文化，是心智成长的养分，也是贫富基因的卵床。不同的文化孕育出不同的基因，不同的基因也勾画出不同的未来。贫富基因虽然是我们的起点，但并不能完全决定我们的终点。贫富基因只能说明我们从哪里来，并不能决定我们往哪里去。我们可以通过解读自己的基因，来认识自己性格的真相。

二、思维认知的差距

贫富有因，密码有解。我们在上一部分的内容中了解到匮乏感是黑洞，在这一部分我们则要破解稀缺感带给我们的思维限制和思维误区。

贫穷的基因造就稀缺心态，并引导了稀缺状态下的思维和行为方式。你缺什么，这种所缺乏的东西就会在潜意识里牢牢地俘获你的注意力，并改变你的思维方式，影响你的决策和行动。比如，你手头上有 1 万元存款，但遇到急事，需要 5 万元救急，你该怎么办？去借。再比如，你把人家的东西碰坏了，怎么办？回家拿钱赔给人家。这两种思维都是我们普通人的思维方式，在这里给大家分享一个小故事，可能会有一些启发。

民国时期，山东省政府主席韩复榘，有一次骑自行车出门微服私访，不小心和一个路人相撞。他撞的是一个推着一车陶器的老汉。看到自己车上的陶器全摔碎了，那老汉急得几乎要哭了，毕竟那一车陶器可是他的命根子啊！韩复榘自知理亏，于是拿出自己的名片对他说："你莫急，你拿着这个名片到前面的省政府，交给把门的卫兵，卫兵就能帮你找到我，我好赔你的货钱。"说完，韩复榘骑着自行车就走了。那老汉追又追不上，只能心急火燎地按照韩复榘名片的地址找到省政府，拿出名片递给门卫，门卫看到韩复榘的名片，就客客气气地把这位老汉请到里面坐下，老汉看卫兵这么客气，心想撞碎自己陶器的人应该是一个大官，于是就放心了许多。

而韩复榘骑车先走干吗去了呢？他去做了另一件事。他经常听人说附近有一家商铺卖商品缺斤短两，于是就专程跑去称了2斤糖果，回来一称果然少了2两。韩复榘马上让人把店主叫来，揭穿他缺斤短两的把戏，店主看到刚才那个买主居然是省政府主席韩复榘，当然不敢抵赖。韩复榘于是说："你做生意缺斤短两，得罚你50大洋。"店主连忙说认罚，并赶忙交出罚金。韩复榘转身就把这50大洋赔给等候多时的老汉，并把刚买的糖果也送给了那位老汉。那老汉收了赔偿费和糖果，心满意足，千恩万谢！

通过这个故事，我们能看到富人和普通人思维的差距。穷人思维最核心的问题是"稀缺心态"——越是缺什么，就越是在意什么，怕什么。而这种对"缺钱"的过分在意，会占据人的大脑，影响人的认知能力、判断力、控制力和执行力。

富人思维的精华是"目标导向"。比如：孩子上学需要买学区房。富人思维的思考流程：买学区房需要花多少钱？很多→钱够不够？不够→还差多少？10万元→借钱可以解决吗？解决3万元→银行贷款可以解决吗？可以→实现目标！

穷人思维则是消除"目标"。同样以上面的例子阐述穷人思维的思考流程：买学区房需要花多少钱？很多→能不能不买？不能→有没有更便宜的解决方案（比如：租房……）没有→注意：接下来才是穷人思维的"精华"→为自己不想花钱找各种借口（比如：××家的孩子在很差的学区也考上大学了，××家当时没买学区房结果现在被划到一个好学区了……）→最终绕了一圈得出结论：房子我们不需要，所以不买了→目标消除！

可以把上述例子换成任何情形，大到影响家庭发展的重大决策，比如，让孩子学一个特长，给孩子一个创业机会，出国移民；小到日用品的购买，比如，买件新衣服，添置一件家电，去饭店吃一顿饭……所以穷人思维的结果往往是什么也实现不了，只能日复一日地维持现状。

穷人不是不努力，而是因为长期贫穷，失去了摆脱贫穷的智力和判断力，也就是网络里常说的“贫穷限制了我的想象力”。这种状况若不改变，再努力也是白费。而如果只是简单地分钱给穷人，穷人的“稀缺头脑模式”依旧会使得他们继续过着贫穷的日子，不会有根本的改善。

惯性思维会让很多人甚至一辈子都跳不出贫穷的生活习惯。比如：我们经常见到很多老人，尽管儿女收入非常高，每月都给他们很多钱，但他们仍保留着 20 世纪物质稀缺时代的习惯：要省钱，要囤积东西，怕将来用得上。家里没用的东西舍不得扔，瓶瓶罐罐、纸箱子、鞋盒子等都要囤起来留着放东西；不再穿的衣服塞满了衣柜，每次换季整理都累得够呛，留着舍不得扔，给人又没人要；一些营养品或食品也舍不得吃，直到过了保质期变质了，才依依不舍地拿出来，甚至冒险吃变质食品；喜欢购买打折促销商品，因为价格便宜或者是因为赠品就出手买一些用不着的商品，这都是曾经贫穷的时候形成的心理阴影导致的。稀缺心态不仅困住了他们的思维，而且会让他们渐渐失去独立思考的能力。因为他们不管思考什么，都会被稀缺心态困扰，久而久之就形成了思维惯性（惯性思维）。

惯性思维是“羊群效应”的主流思想：随波逐流，而且用“羊群”中的一句名言安慰自己“咱傻、不懂”。难道这么多人都傻吗？这在投资方面表现得非常直观。当股市处于高位的时候，大家全部跟风进入，结果站在高岗上被深套。只有那些不跟风的人，才敢于在熊市时找到机会，处于别人乐观他冷静、别人悲观他乐观的境界。不能独立思考，不敢探寻新生事物，怕失败，怕被人笑话，等到大家意见趋同才会去干，殊不知那时自己就变成了“羊群”里的一只“羊”。

贫穷思维的一个突出表现就是浅思考、人云亦云，经常被别人的意见影响。普通人跟成功者之间最大的一个差别就是成功者具有独立思维模式，会深度思考，不受“羊群效应”左右。由于能看清事情的本质，因此才能在每一次财富机会降临的时候牢牢抓住。无论是巴菲特在股市方面的特立独行，还是乔布斯在苹果方面的独树一帜，都是因为他们另辟蹊径，不受惯性思维影响。

特斯拉创始人埃隆·马斯克说过：“我们运用第一原理思维，而不是比较思维（惯性思维）去思考问题是非常重要的。”第一原理思维是用物理学的角度看待世界，即一层层剥开事物的表象，看到本质，然后再从本质一层层往上走。也就是不受现有任何因素的影响，也不借助于别人现有的经验，独立思考、独辟蹊径。正是在第一原理思维下，马斯克才创造了一个创业神话。

摆脱惯性思维，培养独立思考能力是获得成功的必要条件之一。惯性思维受眼界的局限，通常跟自身所处的环境和所相处的人群有很大关系。学识、见识、经历、经验都是独立思考的基础。勤思考胜过懒思考，深度思考胜过浅层思考。看得远才能想得深，想得深才能看得透，把事情想透彻了，做起事来也就不难了。有的人之所以在做的过程中会遇到很多困难和挫折，那是因为还没有将事情想全面、想透彻。

需要注意的是，即使我们有了独立思维，时间久了也会形成惯性思维。随着成功经验的累积，每个人都会有一套自己的思维方式。世界万物都在变化中发展进步，思维一旦形成惯性，就有固化的危险。今天的成功只能证明昨天的独树一帜，却不一定能创造出明日的灿烂辉煌。所以我们隔一段时间就应该提醒自己总结反思，让思维重回原点，主动打破自己的惯性思维，去学习借鉴更先进的思想，去了解更尖端的技术，去学习更具有颠覆性的商业模式等。只有这样才不会掉入惯性思维的陷阱，才能时刻保持好奇心、平常心，做到与时俱进。

三、知识与见识的格局

《庄子集释》卷六下《外篇·秋水》有这样一句话："井蛙不可以语于海者，拘于虚也；夏虫不可以语于冰者，笃于时也。"翻译成白话文就是："对井里的蛙不可与它谈论关于海的事情，是由于它的眼界受着狭小居处的局限；对夏天生死的虫子不可与它谈论关于冰雪的事情，是由于它的眼界受着时令的制约。"

其实，这里的限制就是见识和格局。每个人的见识和格局都不同，而这也是人与人之间最大的差距。一位知名作家进行过这样的内心剖析：不知道从什么时候开始，我们对社会上的一切事情，都会往最坏的地方想。好像只有这样，才能证明自己所有的预想都是正确的，才能为自己的"遭冷遇""不成功""生活在底层"等找到合理开脱的理由，从而也证明自己"机智过人"。其实，你看到的都只是你想看到的罢了！

心理学家麦基在《可怕的错觉》一书中写道："喜欢某个人或事物的时候，我们的心灵会让自己在现实中搜寻印证，然后再用这些似是而非的印证，来佐证自己的心理预期，最终形成一种'真是如此'的心理定式。若是愤怒、仇恨或是怀疑时，我们又会不断寻找材料来强化自己的臆想，在偏执于愤怒、仇恨的情绪里，让暂时压抑的情绪感得以宣泄。"也就是说：我们所看到的世界只是我们选择看到的样子，自己相信什么，就能看到什么。比如，相信潜规则，就会发现无数潜规则；相信不公平，就会发现无数不公平。反之，相信努力，就会发现努力真有回报；相信美好，就会发现生活处处有美好。

今天相信什么，未来就会靠近什么。我们的一生就是自己心中所想的那样，怎么想，怎么期待，就会有怎样的人生。

新东方创始人俞敏洪讲过一段他的亲身经历：

高中时的一天，老师对全班同学说："我断定，在座的你们未来都无法考上大学，只能当农民。"结果，很多同学都相信了老师的话，不是中途退学，就是放弃了复读。只有俞敏洪不相信阶层会永远固化，他相信努力和奋斗终会有回报，三次迈进高考考场，最终考进了北大。

由此可见，决定人的视野的、决定人能看到什么"风景"的，不是人的眼睛，而是他的见识和格局。

李嘉诚是如何从一个身无分文的穷小子变成华人首富的？他白手起家的商业经历确实让人钦佩，成为现在很多年轻人奋斗的榜样。他的成功，不仅体现在精明的头脑上，更体现在他的人生格局上。他的格局从何而来？

受父亲的影响，李嘉诚从小就喜欢看书，并从书中学会了很多做人的道理。他 14 岁辍学打工，到茶楼做过服务员，到商店做过推销员，还当过柜员。虽然当时条件艰苦，但他没有随波逐流，而是努力提升自己，不断完善自己。

在打工之余，李嘉诚抓紧时间学习，毫不在意别人的嘲讽。17 岁时，他被老板赏识，升为业务经理；22 岁时，他成功创业，创建了长江塑胶厂。成为亚洲首富后，李嘉诚依然保持着看书学习的习惯，这个习惯让他受益一生。

在众多书籍中，对李嘉诚影响最深的是《富兰克林传》。他把中国的范蠡和美国的富兰克林的故事作了一番对比，发现范蠡改变自己迁就社会，而富兰克林恰巧相反，他推动了社会变迁。范蠡只想过自己的日子，富兰克林却利用他的智慧、能力和奉献精神，来建立未来的社会。

在读书的过程中，李嘉诚开阔了眼界，提升了思维，拓宽了做事的格局。

虽然读书并不意味着已经有了财富，但是读书可以积累你的知识储备，建立自己的知识结构，为深度思考提供素材。因为没有知识积累的思考属于胡思乱想。

读书是积累知识的过程，而见识是消化吸收知识的过程。什么是见识？有句民间白话：“读万卷书，不如行万里路；行万里路，不如阅人无数；阅人无数，不如名师指路；名师指路，不如自己去悟。”看到这段话，有人断章取义，把“读万卷书，不如行万里路”曲解为读书无用论。殊不知，不经历读书的积累过程，行万里路又有何意义？

钱锺书先生说过这样一句话：如果不读书，行万里路，也只是个邮差。读书是精神的旅行，旅行是身体的阅读。读书，是认识这个世界的过程，可以借别人的眼睛开拓自己的认知，扫荡自己的盲区；可以用别人的智慧来提高自身思想的维度。旅行，是见识这个世界的旅程，可以让你体验书中的大千世界，丰富内心世界的认知结构（世界观）。而阅人，是在与各种人的交往中产生人生感悟，用亲身经历反复打磨认知，不断总结过去，修正自己的人生观。

无论读书、旅行，还是阅人，都需要良师益友答疑解惑、指点迷津，如此才能树立高维度对人、事、物的认知和思维抉择取向（价值观）。

知识可以积累人生的厚度，见识可以观看世界的广度，实践可以创造成就的高度。无论积累知识和见识，还是丰富经历和阅历，目的都是体验与实践，这也是人阅尽大千世界的不二法门。和见识广博的人聊天总是如沐春风，偶有醍醐灌顶之感。见识广博者的人格魅力无时无刻不在感染周围的人。见识对于人未来发展的重要性超出人的想象。而这些见识往往正是寒门子弟所欠缺的。如果仅仅靠阅读和学习获取知识，没有消化和悟化它们，是无法产生实际效用的。同时，见识也是悟化知识的最好手段。

经历过苦难，才会见识幸福的真谛；经历过逆境，才会见识深谋远虑的重要；经历过荣华富贵，才会见识世间百态；经历过困窘潦倒，才会见识人情冷暖。有了知识的储备和丰富的见识，才能拥有看穿问题表象的能力；有了深度思考的能力，才能不被假象迷惑。

获得见识不是轻轻松松的旅行，也不是简简单单地从山村来到县城，从小城市来到大都市，或者走出国门到国外领略异域风土人情。见识是一个从已知向未知的探索过程，从舒适的小环境不断突破进入全新的更大的环境。见识是亲身经历与体验，经历梦想与现实之间的距离，体验成功与失败的落差，在顺境中感受自我“膨胀”的雄心壮志，在逆境中感受人情冷暖的自我回归。

这个世界就是这样，一个人相信什么，他未来的人生就会靠近什么。因为你相信什么，才能看见什么；你看见什么，才能拥抱什么；你拥抱什么，才能成为什么。

四、破解认知误区

误区 1：才华和能力不等于赚钱能力

有不少人才华横溢，甚至在各自的行业里都是佼佼者，但他们一生穷困潦倒，常有怀才不遇的苦闷，这让人感到困惑不解。有才华和能力不等于有赚钱能力，中国历史上的大才子，如杜甫、施耐庵、蒲松龄等，有何等的旷世才华，但大都一生清贫。

明代知名才子唐伯虎可谓家喻户晓，尤其影视剧中的唐伯虎更是才华横溢，琴棋书画无所不精，妻妾成群风流不羁。但历史上真实的唐伯虎经历坎坷，他写过这样一首绝笔《临终诗》，诗中寥寥几语，道尽一生凄凉："生在阳间有散场，死归地府也何妨。阳间地府俱相似，只当漂流在异乡。"人间与地府无异，那是怎样的凄凉啊！可这恰恰是他一生的真实写照，无论是命运多舛，还是性情不羁，总之，人生不如意事十之八九。

西方大音乐家莫扎特是个世界级的神童，他 8 岁的时候就能写出交响曲，10 多岁就在欧洲各宫廷巡演。他的整个家庭的收入，就靠小小的莫扎特支撑，但是在 17 岁的时候他失业了。什么原因呢？他恃才傲物，又特立独行，不接受社会的礼仪秩序和社会规范，在人情世故上也几乎一无所知。莫扎特在欧洲巡演的时候，只需要操心音乐，一切衣食住行，待人接物都是他爸爸在操心。一直到他爸爸英年早逝，他所有的钱都归他爸爸管。这也导致他成年以后不太会与人交往，缺乏金钱观念。在维也纳国家档案馆，保存了莫扎特的全部资产——139 个金币，但是他的债务有 918 个金币。真是才华横溢又穷困潦倒的一生！

世界著名画家梵高与毕加索，虽然在地位和声誉上不相伯仲，际遇却天差地别。梵高，毕生都在作画，一生却只卖出 1 幅画，得到 400 法郎。他的画在被发现之前像垃圾一样堆着。他 37 岁时仍郁郁不得志，并因此饱受精神疾病困扰，甚至亲手割下了自己的耳朵。最终，因为一场意外枪击自己放弃治疗而死亡。

毕加索与梵高则完全相反，他赚了非常多的钱，一生辉煌之至，并且在其 92 岁的时候才逝世。死后，毕加索留下了 4 万多幅画作、数幢豪宅和巨额现金。据测算，毕加索的遗产总值达 395 亿元人民币。在美术史上，生前就能拥有如此多财产的画家，毕加索很有可能是前无古人、后无来者。

为什么两人同样才华横溢，人生际遇却截然相反呢？

答案很简单！因为毕加索不仅画画技艺高超，而且善于和金钱打交道。毕加索的金钱观念：一是当自己还平凡时一定要节俭，钱要花在对未来有价值的地方；二是不要只想着如何赚钱，追着钱很难追得上，要不断创造价值来让自己更有价值，要让钱来追自己，自然就能获得财富；三是建立信用，想办法展示自己的实力，让实力具有显著优势的特征——“信用”，有了信用，在未来的社会中就能获得更多机会。

结合很多案例，我们发现他们有一共同的公式：才华+能力+机遇=成就。

才华是与生俱来的，各不相同，各有所长；能力是后天培养锻炼出来的，是自我塑造，是认知再升级；机遇则是事物运转过程中转瞬即逝的有利条件。这个公式告诉我们，才华只是创造成就中的一个条件而已。基于这个公式，我们就应该明白：一个人要想取得成就，不能只有天赋才华而止于才华，还要有适应社会、融合资源的能力。想要有成就，这三个因素缺一不可。

郭德纲曾经提出了一个言简意赅、通俗易懂的观点，他对于艺术的定义是“艺就是你的能耐，术就是把这个能耐卖出去”，只有两者结合了，才是真正的艺术，否则你自认为艺术水平很高，但是观众不认可、不买账，这样的才华也没有价值。

一个人要想取得成就，首先要挖掘自己的天赋才华，找到属于自己的发展领域，然后修炼自己的综合能力，如心态谦卑、工作务实、与人为善、乐观积极，让更多人喜欢你、欣赏你、关注你……要不断种下善因。所谓善因，就是要按照事物发展的规律做事，不断积累对自己有利的因素，并且在不断积累中将自己的能力发挥出来，如此一以贯之，必有贵人相助，则事业成就有望。

误区 2：会赚钱的人不一定会花钱

人们一直有一个误区，觉着花钱容易、赚钱难，所以就拼命想学如何赚更多的钱，而忽略了其实花钱也充满了智慧。很多人就很纳闷：“花钱，谁不会啊？”这看似不是问题的问题恰恰拉开了人与人之间的认知差距。比如 1 万元放在不同人的手里，就会产生不同的价值。我们大多数人可能拿去给孩子交学费，或交房租、还房贷、还信用卡，这种行为叫求心安。也可能会赶紧换一个心仪已久的手机，或者和家人或朋友好好聚一次餐，这属于花钱及时行乐。这 1 万元所产生的价值仅仅是换来一时的心安和短暂的快乐，而完全忽略了这 1 万元有创造更大价值的可能。

有钱人深谙复利的力量，因此，连花 1 块钱都要精打细算，并且让那 1 块钱在未来赚更多的钱。但普通人只知道努力工作，把钱花光，再继续努力工作。因此他们赚得越多，花得也越多，最后还是生活窘迫。

精打细算的目的不是省钱，而是不浪费钱，尽可能把钱花在刀刃上，花 1 元钱要有 3 元钱的效益。我们必须学习如何聪明地花钱，不花冤枉钱，更不要贪小便宜买一些无用的商品。花钱之前先问问自己：花这笔钱的目的是什么？眼前的价值是什么？未来的价值是什么？当确定用这笔钱有价值，那就继续问一下自己，我可以用什么方法不支付或暂时不支付这笔钱也能达到目的？或者是如何减少我支出的成本达到目的？因此一定要有 1 分钱掰成两半花，花出 4 分钱价值的精神。要知道，会花钱是另一种赚钱的艺术。

花钱锱铢必较的目的不是省钱，而是让自己时刻摆正和金钱的关系。因为我们赚的每 1 分钱，都不是随随便便得来的，同样花钱也不要随随便便。只会赚钱不会花钱，可能月月精光；会赚钱也会花钱，则能月月有余。

制作你的收支明细账，记录下每一笔花费，让自己清楚每 1 分钱的归属，养成精打细算的习惯，培养管理金钱的能力。赚钱不被贪欲控制，靠的是生财有道；花钱不被虚荣、欲望控制，靠的是理财有术。什么钱能花，什么钱不能花，什么钱现在花，什么钱将来花，一定要有规划。有规划地花钱，可以避免花掉未来的财富。

做规划就要给金钱开几个账户：

第一个是“消费”账户，保障家庭的日用开支。这个账户是当下生活的保证。

第二个是“资产”账户，用以投资保值和增值。这个账户是未来创造收入的源泉。

第三个是“储蓄”账户，用以储备家庭大额消费（如教育和医疗），也可是应急账户以备不时之需。

第四个是“副业”账户。这个账户有点特别。它并非完全以眼前利益和长期利益来设置和衡量的，但这恰恰是创造一切可能的账户。这个账户用于投资自己，可以保证自己有不断学习及提高的资费，以此让自己的认知与时俱进。同时利用业余时间参加一些自己感兴趣的活动，丰富生活内容，可以让自己的身心有放松的时间和空间。通过这种方式可以结识更多的人脉，丰富社交群体的多样性。这个账户看似是一步闲棋，但往往会给自己带来意想不到的收获。

第二章　财富定位

读书可以扩大认知，财富是认知的变现。如果股市是认知的变现，为什么有的人能在股市赚得盆满钵满，有的人却赔得倾家荡产呢？是因为很多投资者的心态和经历不一样，以及主观掌握的知识和对股市的认知存在差异，即认知的不同，而变现的能力恰恰取决于你的认知层级。

一、认知层级决定高度

（一）认知第一层：存钱与节俭

在我们身边有很多人虽然拿着几万块的工资，却在一线城市过着十八线老家的生活，总觉得只有将钱存在银行里，才放心，结果到头来才发现，房价已经水涨船高，想要买房已经望尘莫及了。很多人可能还清楚地记得 10 年前父母买房时的价格，可是到今天，同样的钱只能买一辆车，这就是通货膨胀。但如今，认为把钱存在银行才最靠谱的人依然有很多，他们一厢情愿地认为：仅依靠储蓄，就能改变人生。最终发现存钱的速度根本就跑不过通货膨胀的速度，前半生省吃俭用，后半生的日子照样过得紧巴巴。因此，有必要从存钱这个认知观念转换为节俭。节俭，就是在积蓄力量，跟存钱完全不是一个概念。

财富虽然不是从节俭来，但节俭是财富的基石。能够养成节俭的习惯，不仅说明个人的自我控制能力强，还能证明本人并不是欲望和弱点的牺牲品，而是能够支配自己金钱、主宰自己命运的人。节俭的人一般都勤于思考，善于计划，有自己的人生规划，独立性较强。如果说勤劳是赚钱，那节俭就是在堵塞漏洞。脸盆再好，底部漏了个洞，也无法聚集金银财宝。靠能力吃饭，靠智慧赚钱，一切从俭，让手中的资产实现良性循环，用俭朴的态度去对待工作和生活，才能获得为自己和家人积聚财富的机会和空间。

（二）认知第二层：挣钱与赚钱

认知处于这一层的人，比省钱的那一层级已经更进了一步。他们已经知道，财富不是省出来的，而是挣来的或赚来的。那么，挣钱和赚钱有什么区别呢？

我们一起来看一下挣钱的“挣”字，左边是“手”，右边是“争”，意思就是，要用自己的双手辛苦劳动，要靠自己的技能、资源去换取薪酬。

这种挣钱方式与个人付出的劳动成正比。每个人的时间和精力都是有限的，拿到的报酬自然也是有限的，比如农民靠耕地挣钱，工人靠体力挣钱，医生靠医术挣钱，作家靠写作挣钱等，采用的都是这种谋生方式。刚领到工资，觉得自己是个小土豪，但是扣掉房贷、车贷和孩子的开销，很快就会再次回到“解放前”。结果，挣得越多，欲望越大，花得就越多，贷款也就越来越多。这时，如果再遇到父母生病、裁员等各种变故，生活就会陷入混乱。处于这一层级的人虽然有着不菲的收入，却只能被钱牵着鼻子走，最容易被风险拖进深渊，要一辈子都为钱而奔波。

接着，再来看看赚钱。这个“赚”字，左边是“贝”，代表着金钱；右边是一只手拿二支禾苗，代表粮食。可以解读为，先用钱购买粮食，然后再卖出去，最后就能得到钱。当然，右边的“兼”字也可以理解为兼职的“兼”。“贝”加“兼”，也就是让你的钱去做“兼职”，让钱来帮你“生钱”。这种人虽然不是资源的直接拥有者，不懂技术，没有特长，但是懂得用脑力来配置资源，能够通过优化资源去赚钱。老板就属于这一类人。在奴隶社会，最重要的财富是“人力”（奴隶）；封建时代，最重要的财富是“土地”；资本时代，最重要的财富是“资本”。而“资本”的本质就是资源的配置。

“赚钱”有一个前提，那就是用自己的智慧、眼光去创造一种劳动状态。比如建立公司，经营产品或专项才能，创造资产。然后，依靠配置资源赚钱。其实，资源是谁的不重要，关键看你如何配置资源。从事资源的投入→整合→运营→产出工作的人都可以当老板。如此，即使你什么也不做，每天在沙滩上晒太阳，财富也会一刻不停地像滚雪球一样越滚越大，这才是真正意义的财富增长。

（三）认知第三层：投资与理财

认知达到这个层级，也就具备了独立的金融思维。站在这个角度去看前两个层级，就会得到更清醒的认知。归根结底，省钱是一种“穷人”思维，挣钱是出卖时间、精力和体力，赚钱是让别人为自己创造财富。而投资理财就是钱生钱，因为金融的核心就是钱如何生钱。但仅仅知道钱生钱的道理就开始撸起袖子加油干，对金融知识一无所知，也会陷入万劫不复的境地。要想掌握钱生钱的本事，就要先认知金融的本质，即信用、风险和杠杆。在这里，我们重点介绍金融信用和风险，杠杆在后面的投资工具中具体介绍。

1. 信用

信用是一个人的立身之本，个人信用体系包括社会信用和金融信用，前者是赚钱的前提，后者可以放大赚钱的倍数。所谓金融信用，通俗地说就是一个人在金融机构的眼里值多少钱。金融机构评估一个人值不值钱，主要看这个人本身值不值钱，包括但不限于工作单位、岗位职级、收入水平、社保公积金、存款、保单、车子、房子等。企业资质好，收入高，个人资产多，银行就会给予高额度授信。即使暂时不具备这些优质条件，银行也会给予中低额度的授信，最典型的就是信用卡。从一定意义上来说，一个人的信用，就是个人能支配的资金量，也决定着个人财富积累的天花板。

2. 风险

投资理财，风控先行。资本嗜血，逐利是根本。没有风控，不仅无法赚到钱，多半还会赔钱。在我们的认知盲区，到处都是诱人的陷阱，因此在投资过程中，很多人容易上当受骗。互联网给我们的生活带来了极大的便捷，但各种金融诈骗手段也打着高科技、新零售、新模式等概念新鲜出炉，比如电信诈骗、网络诈骗、金融诈骗、代炒股诈骗、网络传销诈骗等。网络上的金融庞氏骗局也几乎到了泛滥的程度，被卷入其中的人数量众多。金融诈骗的泛滥成灾，带来的直接经济损失不亚于地震水灾等自然灾害，更多当事人遭受重大经济损失，有的甚至连自己一辈子节衣缩食省下来的养命钱都血本无归。

下面，我们来了解一下各种风险。

1.P2P 网贷

P2P 网贷的典型模式是为网络信贷公司提供平台，由借贷双方自由竞价，撮合成交。我国的公民信用体系尚未完全规范，P2P 模式本质上还是一个中介，团队靠拼凑，实力靠包装，信誉全靠自我吹嘘，离开了银行的风控体系和银保监会的监管体制，投资者的利益就无法得到保障。投资者被夸大的宣传承诺所迷惑，认为这是保本保息的投资，殊不知这是高风险投资。一旦发生逾期等情况，投资者就会血本无归。

2. 股权众筹或原始股

股权众筹或原始股骗局总会打着“净赚数十倍”“一夜暴富”等高额利润的诱人旗号，吸引人们参与。在股权众筹中，一些别有用心者会通过空壳公司、无产品的公司，或者以某一个新奇特产品或最新的运营模式与成功的企业对标，并以“你曾经错过了 ××（你曾经错过的很好投资机会），你再错过了，老天爷就不会再给你机会了”等煽动性语言刺激你，再以高回报、高收益为诱饵忽悠你上当。

3. 以房养老

一线城市的房子价值通常都很高，当地老住户人群却生活拮据，他们都不愿意将唯一的房子卖了来改善生活，因此虽然房屋资产价值上千万元，但月生活费只能在生活最低保障线徘徊。针对这个特殊群体，一些投资机构就为这些老住户设计了以房养老的投资产品，带着老年人参观高档养老机构和社区，激发老人的兴趣，但高昂的价格让老年人望而却步，最终他们会提出这样的建议：只要把房子提供给他们来经营，就能用经营的钱去补充老人的养老费用，如果经营得好，还会有盈余分红。看到房子还是自己的，只是让他们经营，还能产生高回报，于是老人们纷纷签约。结果在暗地里，这些不良机构却将老人的房子以各种障眼法抵押给了投资担保公司进行风险投资来牟取利益。一旦出现闪失，他们的房子就会被用作抵偿贷款，老人们就会无家可归。

4. 传销骗局

很多人打着致富的幌子，谎称有一个赚快钱的项目，诱骗年轻大学生和没有社会经验的人以及急于想挣钱的人加入，这就是传销骗局。传销方式很隐秘，很多人都是在不知不觉中被洗脑的。其实，辨识是不是传销并不难。如果有人掏心掏肺、苦口婆心地想拉着你赚钱，你就要问问自己：“我有这么重要吗？”其实，这些人多半是为了拉人头。这种赚钱方式采用的多数是静态收益和动态收益两种方式，静态收益就是你只管投资，坐等收益，但收益很低；而动态收益是靠介绍新人进来，靠推荐人来获得各层级的收益。这种收益的回报按金字塔模型推演，远高于静态收益。一旦遇到这种情况，就要高度警惕了。传销最可怕的不是赔钱，而是人脉信用的崩塌。

5. 外汇投资骗局

在国内交易场所进行整顿的过程中，有些人利用国外的外汇交易市场欺骗国内投资人，投资人看到的是真实的外汇交易市场盘，账户却由这些人控制，根本没有进行实际交易。投资者赚钱了，他们会鼓励投资者继续乘胜追击，用各种手段劝说投资者不要离场；直至钱赔光了，他们就落袋为安了，投资者还会误以为资金是在市场中亏损了。

有句话：“你永远赚不到超出你认知范围外的钱，除非靠运气。但是靠运气赚到的钱，最后往往又会靠实力亏掉。”这是一种必然现象。你所赚的每 1 分钱，都是你对这个世界认知的变现；你所亏的每 1 分钱，都是因为对这个世界的认知有缺陷。

这个世界最大的公平在于：当一个人的财富大于自己认知的时候，社会有 1000 种方法收割你，直到你的认知和财富相匹配。

二、思维层级决定深度

什么是思维层级？即你看世界的方式和对于各种事件反应的模式。思维层级就是思维的高度。登 400 米的小山头和登 8000 多米的珠穆朗玛峰，看到的景观是完全不一样的，身临其境的感受也会不一样。这就是层级差异带来的感知差异，也称为高度之差。这种高度之差会带来人生全方位的差异，提高思维层级自然也就成了人生最重要的事情。

传统的观念一般都基于存量思维，就是从现在开始线性地去思考未来。比如，自己现在一年挣 10 万元，10 年就是 100 万元。扣除花费，就是剩下的。为了提高“省下”的，就要厉行节约，这也是很多人省钱的原因。年轻人对未来一般都更乐观一些，认为自己未来会挣得比现在多，不用存钱，甚至还会借债消费。这是一种增量思维，并且缺少牢固的根基。只要两个月没收入或年终奖比预期的少 50%，他们就会觉得天塌了一样。

高一层级的财富观，不只停留在劳动性收入这个层级，而是努力实现资本化收入，在保证基本生活需要后，把收入的各种资源（不仅仅是钱）大量投入“再生产”，从而实现财富增值，甚至财富的指数级增长。思维层级并不是通过简单的知识堆积来完成的，即使看再多的书，也只是浪费时间。即使能把书全部背下来，也无法提高思维层级。个人的实践水平和思维层级基本相同，要想提高实践水平，就得先提高思维层级；然后，用高一层的思维层级指导自己行为，继而给自己思维层级的再次提高提供平台。思维先行，循环往复，人生就会逐渐进入正向循环模式。

那么，如何提高思维层级呢？很多人常说："想得容易，做到难！"确实！理想、梦想、白日梦等都是想，但现实是，如果想得不彻底、不完善、不周全，就只能是胡思乱想。只有先提高思维层级，才能提高实践的成功率。

以现有的财富水平提高自己的"财富观"，以更高层级的"财富观"来引领自己的行为模式，就能在最短的时间内提高自己的财富水平。当财富水平提高了一个阶段并匹配了现有的财富观后，就能继续将自己的财富观提到更高一个层级。如此不断循环，以提高"思维层级"先行，就能引领自己的行为。

三、人脉层级决定广度

有一种说法："一个人赚的钱，12.5% 来自知识，87.5% 来自关系。" 关系是什么？就是圈子。圈层不仅影响着你的人生高度，还决定着你的财富厚度。

圈层是什么？从本质上来说，圈层就是标签，就是有共性特征的群体。你能取得什么样的成就，不是取决于你的圈子有多大，而是取决于你的圈子质量有多高。加入一个高质量的圈子，即使是整天在里面闲聊，也是有价值的。就连如今大名鼎鼎的互联网大佬们都有自己的圈子。

坊间一直流传这样一句话："混圈子就是混人脉，而人脉就是钱脉。"对于这句话，很多人都只知其一，不知其二，进而断章取义地将这句话奉为圣旨一样。他们到处参加大会、峰会、展会、各种论坛等活动，和名人照张相也引以为荣；和大咖交换个名片，就觉得自己距离财富近了一大步。殊不知，"只谈结论不说前提，十有八九就是骗子"。

我在北京工作的那几年，认识一个朋友。他性格开朗活泼，待人热情，十分好客，朋友众多。他经常参加各种行业峰会、交流会、座谈会，穿梭于各种社交场合、酒桌饭局之间，与各行各业的名人、大佬都有合影留念。他也经常在微信朋友圈炫耀，俨然一个社会名流一般。他私下经常会跟我们说，他曾在北京某个高级酒店和某个老板吃饭，和某个央企领导喝酒。他收集的名片几乎囊括各行各业，他这样的社交能力众人都很佩服，觉得他能量特别大，人际关系广，手眼通天，交际能力超强。但是，过了几年我们再次遇见，发现他依然穿梭在各种社交场合，他的身份也变换了一次又一次，除了他认识的人越来越多，事业与财富却都还在原地踏步。人脉不直接等于钱脉，越是在生活中摔过跤的人，对这个道理越是深有体会。

“人脉即钱脉”的前提是你本身有实力。否则，便是禁不起推敲，一戳就破的“纸脉”。所谓的“人脉”，不过是“人名”而已。一旦你没有足够的实力，没有达到更高的层次，就算你遇到很厉害的人，他对你也起不了作用。

请记住，人脉不是追求来的，而是吸引来的。

第三章　财富坐标

一、经济的运行周期

“三十年河东，三十年河西”是一句广泛流传的谚语，用来形容世事盛衰兴替，感叹世事变化无常。这句话放在经济运行上，也非常合适。苏联经济学家康德拉季耶夫提出的康波周期理论（指的是经济成长过程中上升与衰退交替出现的一种周期性波动，分为复苏、繁荣、衰退和萧条四个阶段）认为，经济运行 10 年是一个小周期，30 年是一个中周期，60 年是一个大周期，这和中国周易一个甲子（60 年）是一个大循环的规律如出一辙。

原中信建投首席经济学家周金涛毕生致力于研究康波周期理论。虽然周先生已经过世，但他的研究与演讲内容依然备受瞩目。一方面，他在 2016 年 3 月 16 日的一个沙龙演讲活动中强调，一定要控制 2018 年、2019 年的经济风险，对于个人来讲完全可以卖掉投资性房产和新三板股权买入黄金。尤其是 2018 年至 2019 年“万劫不复”之年似乎已被验证。另一方面，他又强调，1985 年之后出生的人，注定人生机会第一次只能在 2019 年出现。我们目前正在经历康波周期的萧条期，而这个过程会持续到 2025 年前后。

（一）四个不同阶段的经济特点

1. 复苏阶段

这个阶段往往伴随着通货紧缩，经济增速不断下滑，商品价格明显回落。从萧条转向复苏的过程缓慢而漫长，需要经历 10 年以上的时间，其间我们可能会看到一些新兴经济体的复兴，比如 20 世纪 80 年代到 90 年代的“亚洲四小龙”，就发生在第五波康波周期的复苏阶段。

2. 繁荣阶段

经济往往与低通胀相伴随，这可解释为新的技术提高了效率，高增长并没有引发资源约束。

3. 衰退阶段

这个阶段是最复杂的，往往会出现一个标志性的经济危机。衰退的前期往往是高增长、高通胀，后半期是滞胀。原因是当新的技术对生产率的提升边际递减时，经济就进入了资源约束阶段。这个时候资本主义体系仍然期望按照原有的增长速度运行，这就必然要增加资本投入。同时新进入资本主义体系的国家开始工业化，造成了资源需求的边际上升，而以前资源价格过低时，供给没有充分准备，从而带来供需边际变化之间的短期不平衡，导致资源约束启动，价格迅速上升。衰退期往往有两波冲击，第二波冲击更多地发生在新兴经济体或资源国。长波衰退期到萧条期前一般会有两个经济低点。长波衰退期高通胀带来的经济低点往往随后会迅速反弹，这个低点在长波萧条期来临之前往往是最低点。

4. 萧条阶段

衰退到萧条的连结点一定是一个大宗商品价格的最低点。从中周期的意义看，每轮中周期大宗商品都会出现一次波段行情。而且，在这个阶段，滞胀和萧条反复切换。

上述四个阶段就是经济运行的机制和规律。一个完整的经济周期循环大致为 60 年，而我们也基本上是在 60 岁退休，因而有“人生就是一场康波”的戏说。经济在康波周期复苏、繁荣、衰退、萧条四个阶段的循环中出现波动增长，从而创造了人生的财富机会，这是我们人生财富规划的根本理论。

经济繁荣阶段后会出现经济过热阶段。此时生产增长减缓，生产能力接近极限，各项基础建设都将大幅增长，通货膨胀上升，央行通常会提高利率。

经济衰退阶段GDP增长会降低到长期增长趋势以下，但是通货膨胀继续上升。企业利润表现不佳，是此时期的“特色”。

经济萧条阶段，GDP增长乏力，通货膨胀走低，央行会采取削减利率措施刺激经济回升。

经济复苏阶段，放松性政策发挥效力，经济加速增长，通货膨胀会继续回落。

简言之，就是国民收入或总体经济活动扩张与紧缩的交替或周期性波动变化，依据经济增长和通货膨胀两个指标，投资人可以很快地找到目前是处于经济循环的哪一个阶段，进而据以作出相对应的资产配置投资决策。

如同波浪一样，经济运行的这四个阶段，从波峰开始衰退，直至萧条到谷底，然后开始复苏，步入繁荣。这就像是四季交替，经济繁荣到了顶点后会伴随着产能过剩，企业倒闭就好像秋天黄叶落地；进入萧条期，凛冬已至，企业大规模停工破产、工人失业；随着新技术和新投资需求的出现，市场需求开始复苏，经济形势又逐步回暖，犹如万物复苏；新的需求不断涌现，伴随而生的是各种财富神话和狂热的投机者，繁荣的“夏季”又为下一次衰退埋下了种子。

（二）不同的周期，应对不同的资产结构

1. 经济的复苏期

经济的复苏期开始于前一个周期的最低点，这是因为复苏期之前各类资

产的价格都比较低，通常在此时政府为了刺激经济复苏，可能会实行较低的利率和较宽松的货币政策。此时应增加家庭资产当中非固定收益类资产的比重。无论是股票、房产、企业资产，此时都可以以较优惠的价格买到，并且预计未来这些资产的价格会有较大的升值空间。另外，由于利率较低，固定收益类的产品收益比较低，因此不建议买入此类产品。

2. 经济的繁荣期

到了第二个阶段，即繁荣期的时候，各类资产的价格上涨了许多。

大部分人可能在这个时候才意识到：投资的好时候来了！但是在这个阶段，真正的投资高手反而会变得谨慎。

首先，各类资产的价格已经涨得比较高。其次，此时经济开始过热，国家必然开始收缩货币、信贷，采取从紧的货币政策和财政政策，整个市场的资金会开始因为政策的调整变得稀缺。相应地，各类资产的价格风险在不断地累积。专业的投资者在经济复苏阶段就开始购买资产，到了繁荣阶段可能就会逐渐降低非固定收益类资产的比重，增加固定收益类资产的比重。在这个时候，由于货币政策的收缩及利率的上升，固定收益类产品的回报通常也开始提高。所以在经济的繁荣期，我们恰恰应该逐渐减少股票、房产、企业等非固定收益类资产的投资，增加固定收益类资产的投资。

当然，在这个过程当中最难把控的是时间节点，因为经济的繁荣期可能会持续比较长的时间，如果你退出得过早，可能就会错过资产上升最快的时期。

3. 经济的衰退期

当经济开始衰退的时候，就应该坚决杜绝持有风险类资产（非固定收益类资产），正确的做法是在繁荣期的后期就逐渐减少风险类资产的持有。

其实经济的繁荣期和衰退期不会有明显的界限，所以在实际的操作过程中，专业的投资者通常在繁荣期的后期会选择一些防守性、周期性不明显的行业，这些行业受周期性波动影响不大，甚至有些是反周期的。那么在经济不好的时候，我们就可以把资产投在这样一些弱周期或者是反周期的行业来规避市场波动带来的不良影响。

所以从经济繁荣期到衰退期的转换过程中，我们调整资产结构不能完全依靠减持的方式，还要选择不同类型的资产来规避周期波动对持有资产的影响。如果此时处在衰退期，就要小心那些固定收益类资产了。因为随着经济的恶化，很多企业会撑不下去，违约情况也会随之增加。此时我们应该把资产放在更加安全的地方，哪怕损失一些利息。

4. 经济的萧条期

经济进入萧条期，通胀率很低，利率也开始逐渐下降到较低的水平。此时，应该自己拿着钱，或将其转化为低收益的资产，以安全为第一要务。

在这个阶段，不能只是简单地回避风险。一些嗅觉敏锐的投资者在这个时候已经开始搜寻“猎物”了，因为各种非固定收益类资产经过衰退期和萧条期的下跌，价格已经非常便宜。而且通常这个时候国家会采取宽松的货币政策和财政政策来刺激经济，使市场的资金开始逐渐充裕起来。

在萧条期的后半阶段，不能单纯地防守，而应该开始主动寻求一些被严重低估的、被前一轮熊市错杀的资产来提前布局。尽管这时候的经济还没有真正好转，但是整个市场已经处于底部，提前“埋伏”才能购买到真正廉价的优质资产。

由此可见，如果能在一轮经济周期的四个不同阶段正确处理手上的资产，那么资产就会有所增长。但在此过程中有一个非常重要的原则：对经济周期波动的时间节点有相对精确的把握。真正的投资高手一定会时刻关注宏观经济的形势，对宏观经济的各类指标进行深入分析，由此把握住并顺应经济周期的变动，作出相应的投资决策。

衰退期和萧条期的区别就像华尔街的一则老笑话：衰退就是你的邻居失去工作的时候，而萧条就是你自己失去工作的时候。经济衰退的标准定义是：一年有连续两个季度的经济出现负增长，即国内GDP连续两个或两个以上的季度出现下滑，这是经济放缓的时期。在这个阶段里，国内生产总值增长率递减。经济活动放缓对劳工的需求减少，导致劳工不容易找到工作，于是失业率开始上升。随着失业率的上升，厂商和家庭都被迫削减开支，物品和劳务的价格会因需求减少而下跌。这有助于舒缓通货膨胀的压力，使通货膨胀率下降。

当一个国家经济进入复苏期后，正常情况下，利率会随之上扬。这是因为在经济走强的情况下，每个人都对未来感到乐观，因此越来越多的人想借钱，越来越多的企业想融资，资金需求随之增加，利率自然水涨船高。另外，在经济扩张期，企业活动的增加往往会使得物价上涨并导致通货膨胀压力升高，而通货膨胀压力会促使央行提高利率。在这种情况下，除了利用储蓄、货币定投等投资工具尽量享受高利率带来的投资回报外，最可观的投资方式就是股票。经济复苏必然带动股市的复苏，如能提前布局，再配合定投，抓一个长期的大牛市，那么等下一轮衰退期到来时，你的资金已经非常可观了。我们在做人生财富规划的时候一定要知道每个人都是在社会的大系统中运行，社会大系统给你时间、机会，你就有时间、机会；社会大系统没给你时间、机会，你在这方面再努力也是没有用的。

投资界有一句真理：永远不要与趋势作对抗。成功失败、财富积累，很大程度上都不是我们个人能力所决定的，而是取决于你是否顺应趋势，顺应周期规律。所以，真正的投资者就是一个生活的观察家，他能够从日常生活中嗅到经济运行的规律，在经济循环中抓住投资时机。

二、通货膨胀与通货紧缩

提起通货膨胀，很多人谈虎色变，想到的就是货币缩水了，钱不如以前值钱了。这种认识没错，但不能太过于片面，我们要全面地认识通货膨胀，才能更有利于提升我们的认知。通货膨胀的定义，指纸币的发行量超过流通中所需要的数量，最直接的表现是纸币贬值，物价上涨，购买力降低。通货膨胀的成因主要是社会总需求大于社会总供给，货币的发行量超过了流通中实际需要的货币量。在这个过程中，如果居民收入的提高跟不上物价的上涨，生活水平就会下降。

通货膨胀虽然造成了货币贬值，但反过来也造就了资产升值。也就是说，在通货膨胀的经济环境下，我们不要郁闷恐慌，要有一个清晰的认识：资产包括货币，但货币不等同于资产。在通货膨胀的环境下，是货币贬值，资产上涨。而在已经确定通货膨胀的情况下，你应该是持币观望，还是购买资产保值升值呢？这就好比房地产的黄金20年，在通货膨胀的大背景下，房子是货币增值保值的最好载体，受通货膨胀的影响，房子价格升高了，这就是通货膨胀带来的增值效应。但是随着经济周期的不断轮换，每一次通货膨胀对应的资产标的都是不同的。就好比在20世纪80年代末，那时你只要拥有各种商品物资，资产都会水涨船高。也就是说，这一个周期是房子，下一个周期就不一定是房子了。

那么，我们要如何应对通货膨胀呢？ 想方设法让自己成为债务人。通货膨胀既然会让我们手里的钱贬值，那么我们借的钱也会贬值，即债务缩水。所以应对通胀的第一个妙招就是在自己力所能及的范围内“借钱投资”。

投资包括三大类：第一类，购买房产。这种对抗通货膨胀的方法在过去是最为有效的，因为房地产行业自1998年房改后，开始市场化，城镇化率的提升及持续的超发货币带来了房价的持续上涨，明显可以看出它能够战胜通货膨胀。但经过多年的上涨，现在房价收入比过高，不过在人口净流入的一线城市和中心城市，或一些租售比非常好的地区，房产仍然能对抗通货膨胀。

第二类，购买黄金（而非黄金工艺品）。因为黄金稀有，且属于“硬通货”，具有明显的抗通货膨胀作用。黄金是无息资产，其本身价值对应的就是货币的高低。也就是说，理论上黄金可以视为货币的等价物，当货币升值则黄金下降，货币贬值则黄金上涨。从长期来看，货币一般是贬值的，所以购买黄金长期是可以达到抗通货膨胀效果的，但短期受交易行情影响会有明显涨跌波动。

第三类，投资理财。投资和理财应该分开来看，投资主要针对非固定收益类资产，比如股票、基金。随着历史的演进，商业世界一直在变化，在不同的时期会产生很多大的公司，如果能抓住这些机会，带来的投资回报是巨大的，可以明显跑赢通胀，但如果看错了也会损失惨重。而理财主要针对固定收益类资产，比如基金定投、债券等中低风险的理财方式，一般年化收益率都可以缩小与CPI的距离，虽然可能跑不赢通胀，但也不至于落得太远。

接着我们再来谈谈通货紧缩。在通货紧缩的情况下，同样数量的货币可以购买到更多的物品，货币购买力的增长，使人们有了更多的储蓄、更少的支出，尤其是减少了耐用消费品的支出，私人消费支出受到抑制。更严重的是商品价格不断下跌会导致消费者延迟消费，从而抑制生产，使价格进一步走低，形成通货紧缩的恶性循环。

在通货紧缩期间，一般物价的下降会相对提高实际利率水平，即使名义上利率下降了，实际利率也有可能居高不下。因此，资金成本较高，可投资的项目减少。同时，债务负担的加重，无疑会使企业的生产与投资受到影响。最终产品价格的下跌对于新开工的投资项目产生不利影响。正因如此，投资项目就更显得缺乏吸引力，致使社会总投资支出趋于减少。由于工资刚性，价格的下跌会造成实际工资的提高。此时，企业就会削减员工以降低成本，就业率降低，失业率提高，居民的生活负担会更加沉重。

通货紧缩下老百姓的生存法则：①停止一切有风险的投资，改买国债和储蓄，能保本和随时调用就行。②停止买房、更换汽车的计划，不买昂贵的实物，不能把活钱变成死钱。③在确保正常生活水平的前提下，限制奢侈品消费及高档服务消费，减少开支。④积极储蓄，避免产生透支消费。⑤努力工作，因为将来任何人的就业机会都会面临严峻的挑战，如果在萧条期你依然能拥有一份稳定的工作，那会是一件很幸福的事情。⑥如果必须投资的话，尽量别去做那些一次性的东西，去买卖那些生活中必不可少的耐用品，也许会有所收获。

在通货紧缩的情况下，最重要的事情说三遍：保证资金安全！保证资金安全！保证资金安全！通货紧缩初期以防守为主，避免资金损失。通货紧缩中期可以适当在低位布局投资，比如做一些定存和低风险的理财。在通货紧缩的后期，就应该大胆布局金融股票市场，在通货膨胀高位的时候卖出，即可获得不错的收益。

经济是有周期的，而通货膨胀和通货紧缩也会随着周期以及政策的扶持和改变而波动。所以，我们面对通货膨胀和通货紧缩时更应该具备灵活性和应对性。

三、财富时空坐标

新中国成立之初，面临全球资本主义的封锁，为了改变中国贫穷落后的面貌，快速发展经济，逐步打破资本主义的封锁，国家制定了一系列具有“城市偏向”的政策：优先发展城市，农村支持城市；优先发展重工业，农业反哺工业。

此外，还实施了农产品不等价交换、农业合作化、统购统销和要素流动控制等一系列固化城乡差异的法规政策，这造就了农业对工业、乡村对城市长期而巨大的贡献与牺牲。

同时，为了限制农村人口的流动，国家设立了户籍制度，人为地划分农业户口和非农业户口，并使这项制度与相关福利制度紧密地结合在一起，从而赋予其固化公民先天身份、控制人口自由迁徙等效力。农业户口和非农业户口的待遇可谓天壤之别，这就是中国最早的区域差。

改革开放以后，在以经济建设为中心的市场化导向的指导下，大城市尤其是东部沿海城市在国家政策的支持下，取得了迅猛的发展，而中西部城市长期处于落后的状态，城市之间的区隔日益扩张。

因为在大城市人创造的财富更多，就业机会也变得更多，但是空间是有限的，住房是有限的，所以，房价自然而然就高了。而小城市，人创造的价值少，地区不发达，房价自然不会太高。

因为地域发展的差异，造成了行业之间也存在差异。例如，生活在不同地域的木工、电工，大城市的工人技能水准也要比其他地区的高得多，收入自然也要高得多。

从就业角度看，京沪深是多数人才的选择地。这些人才毕竟处在“食物链”的顶端，接触到的视野、格局是全国性甚至全球性的。在一线城市，不仅经济产业是顶级的，文化艺术和娱乐也是顶级的，因为只有一线城市的规模性人口及消费能力才支撑得起以昂贵音乐厅为代表的艺术享受。

国家的发展逻辑是集中力量优先发展其一，待其一发展到一定程度后，再带动或者考虑其二的发展。无论是制度的宠儿，还是人才的集中，大城市一开始便抢占了先机，就像滚雪球一样，优势资源不断扩张，越扩越大，而小城市注定只能依附大城市来发展。

与此同时，我们该如何看待区域差异和行业差异给我们带来的机遇与挑战呢？记住这样一句话：重视各城市 GDP 增速排名。因为只有 GDP 增长了，那个城市才有就业，老百姓才会有收入，有了收入就会消费，消费又可以进一步拉动投资，形成良性循环，否则一切都是空谈。

所以千万不要小看 GDP 增速，GDP 的差距就是城市之间发展的差距，增速一旦放缓，就意味着经济萧条、疲软，意味着就业有问题。当你的收入增长乏力，购买力也不足时，房价就很难涨上去，如果产生经济泡沫，将会很危险。

第四章　投资前的自我准备

投资是个系统性工程，绝不像在彩票站下个注那么简单，而是要做好各项准备工作，做到有备而来，不打无把握之仗。投资的准备工作主要包括：了解个人投资的几个核心要素，做好自我信用的完善；了解投资杠杆所起到的作用以及风险管控的必要性；最重要的是要根据自己的实际情况，做好资产配置的投资方案。

一、完善信用 —— 财富的基石

信用其实存在两种形式：一种是道德方面的信用，指的是你是否“信守承诺”的一种品质；另一种是经济方面的信用，建立在借贷关系上是否如约偿还的预期。用通俗易懂的话来说就是你在别人眼中的支付能力，或者你能从别人那里借来多少钱，就代表了你拥有多少信用值。“这个人”可以是个人也可以是银行等。

为什么在财富之路上要讲信用？因为信用之于财富具有无可比拟的重要性。一个资产很少的人想快速创造财富，信用就是他最可仰仗的资本。只有不断提高自己的信用，将自己的信用最大化，才能在遇到机会时使用信用赋予你的资本来抓住机会。

如果之前人们还能靠“不讲信用”无所顾忌及地生存，现在不讲信用麻烦会很大。以前，失信的人在银行贷不到款，就去找网贷平台贷款。现在征信系统进行完善后，征信系统全面打通，一处失信，全网全行业甚至被全社会“封杀”。这让所有不讲信用的人寸步难行！

如何打理好自己的信用基础，维护自己在社会的良好信用形象，获得别人的信任，获得更好的金融服务？首先，要了解银行系统对信用的评价指标和分类。虽然各家银行指标项目和权重不完全相同，但重要的指标还是一样的，大致可以分为五类：还款记录、债务情况、使用信用卡的年限、信贷需求、正在使用的信用组合类型。

1. 还款记录

比如，信用卡、房贷、车贷、抵押贷的历史还款情况，24 个月还款状态等（某些银行甚至看 60 个月内的还款记录）。如果出现逾期记录，就会显示逾期的天数、未偿还的金额、逾期还款的次数和距离现在的时长及最近几个月的重大违约等内容。

2. 债务情况

比如，信用额度与欠款比例，以及个人的总资产和总负债的比例是否在安全线以内。负债率过高，超过银行认定的安全指标，银行的信用评估就会较低。

3. 使用信用卡的年限

比如，信用卡使用了多少年，贷款等信用产品使用了多少年等。使用的时间长，且还款记录良好，就是信用良好。但在有些情况下，即使还款记录很好，但使用年限短，信用评分也会打折扣。

4. 信贷需求

近期征信查询次数变多，表明你在向银行多方提交申请，信贷需求迫切。征信查询就像人体检查，正常情况都是一年检查一次，如果某人在一个月内体检了两三次，这说明这个人可能生病了，而且可能病得还不轻。同理，征信查询太过频繁，银行也会认为你存在潜在风险。

5. 正在使用的信用组合类型

比如，使用信用卡的同时，你还在还房贷、车贷等，这说明你的资金状况有压力。如果还涉及微粒贷、花呗或京东白条等，网络借贷涉及越多，信用组合内的品种越多，信用评分越低。

从总体指标比例上看，还款历史和债务情况最重要，信用评分占比权重超过 60%。当然，并非信用评估分数高，就万事大吉。因为根据市场实践结果显示：信用评分特别低和特别高的人占比都较少，多数信用评分都处于中等位置，基本上符合统计学中的正态分布。

当然，要想维护良好的个人信用，还需要改善以下几个指标：出现逾期记录，说明贷款规划没有做好，要抓紧时间尽早处理，不要拖延。如果当前债务相对较多，负债金额较大，一定要按时还利息，同时还要跟银行保持良好的沟通。如果当前债务笔数相对较多，就要想办法把债务集中起来，从高息转低息（高利贷转银行贷款），低息转先本后息（私人借的钱，商量先还本再还息），尽可能降低借贷成本。

这里，还要小心信用卡分期还款或借钱还贷付息，因为这些都是负复利的陷阱，往往还的钱越多，债务也越高。所以，如果想以信用卡名义办理信用贷，就要控制好提现次数，谨慎满额刷信用卡，尤其不要出现刷爆（余额不足）现象。个人办房贷，千万不要多头申请，否则征信查询次数较多，就容易出现问题。

当信用已经成为一种无形资产，诚信就不再是由别人强加给你的，而是一种自觉和需要。未来，我们比的将不再是学历、文凭、财富、家庭，而是每一个人的信用！企业也一样，比的将不再是谁先掌握政策，谁有多少钱，谁有多少资本，而是比信用，谁的信用越好，谁就越被金融机构信赖，被社会信赖，被资本青睐！

信用是一种资格，没有实力是无法有信用保证的，在一个成熟的商业社会，信用就是财富的象征。

二、杠杆与风险

在现代经济中，金融杠杆可以大有作为，金融杠杆必须运用适度才能远离危机。不论对金融宏观调控者还是对金融监管者来讲，往往最难的就是如何把握、控制金融杠杆的最佳水平，这也是宏观经济管理者和金融监管者面临的巨大挑战。

杠杆涵盖所有“以小搏大”的经济行为，其核心就是借贷。比如在期货市场，你有1元钱，但市场允许你下10元钱的单，如果盈利就等于放大了10倍的利润。可是如果亏损了，哪怕是赔了1元钱，你就会被强制清仓，1分不剩。简单地说就是：你赚钱了，分你一杯羹；你赔钱了，只赔你的那一部分。金融杠杆就像是一个乘号，在上升的行情中使用这个工具，资金杠杆会给投资者带来赚钱效应，甚至会让投资者一夜暴富。可是一旦行情发生逆转，股市行情下跌的时候，其下跌同样会超出人们的想象，带资金杠杆操作的投资者，其投资损失也将相应翻倍。杠杆可以放大投资的结果，无论最终的结果是受益还是损失，都会以一个固定的比例增加。

在每次市场行情中，使用杠杆的投资者无疑都能赚到很多利润。但是，我们观察世界上最有名的那些投资家，其中有一部分却是不使用杠杆的，如巴菲特、李嘉诚等；另一部分则经常使用杠杆，如著名的投机家乔治·索罗斯。之所以有的投资者使用杠杆，有的投资者坚决不使用杠杆，是因为杠杆作为一个投资理财的工具，是把“双刃剑”。同等合理仓位条件下，大杠杆可以提高资金使用率，因为杠杆越大每单使用的保证金数量越小，可用保证金越多，可以抵抗的风险就越大。但正是因为高杠杆可以比低杠杆做单数更多，且做单量大，因此会降低账户中抵御风险资金的量，让风险加大。所以风险大小不在杠杆，而在投资者对仓位的控制，也就是资金管理。

资金管理也是风险管理的一部分，因为风险与你的持仓比及所做方向有关，你的持仓比超过了 50%，称为重仓，我们称为高风险。因为一旦行情反向变动，你的账户可以抵御风险的空间与回旋余地就越小，就很有可能爆仓出局。持仓比指你账户中交易占用的资本占总资本的比例，未占用资本就是你的回旋空间。

另外，还必须注意，使用金融杠杆这个工具的时候，现金流的支出可能会增大，这时资金链一旦断裂，即使最后的结果可能是巨大的收益，投资者也必须提前出局。例如买外汇或者期货，你交了 5000 元的保证金，杠杆是 2 倍，你就可以用 10000 元进行投资，同时放大风险和收益。

当资本市场向好时，这种模式带来的高收益会使人们忽视高风险的存在，许多人恨不得把杠杆用到 100 倍以上，这样才能使回报更快，一本万利；等到资本市场开始走下坡路时，杠杆效应的副作用开始凸显，风险被迅速放大。对于杠杆使用过度的企业和机构来说，资产价格的上涨可以使它们轻松获得高额收益，而资产价格一旦下跌，亏损将会非常巨大，甚至超过资本，从而造成恶性循环，导致严重的经济危机。

经济上行“加杠杆”，就好比 20 年前，借钱买房子一样，房子价格翻番了，借贷的成本轻松抵销了，这叫水涨船高。可是经济下行就要“去杠杆”，就像最近两年出现的房价下跌，房子资产缩水了可负债却实实在在地压得人喘不过气。投资只关乎一件事：应对未来。没有人能够确切地预知未来，所以风险是不可避免的。任何一次投资，就是与风险斗智斗勇。有钱人相信“风险越大，回报越大”“财富是风险的尾巴”，跟着风险走，顺着风险摸，就会发现财富。确实，有钱人不仅要会做生意，而且还要有很强的“风险管控”意识。在“山雨欲来风满楼”时，准确把握“山雨”的来势和大小。这种事关生存的大技巧一旦形成，用到生意场上或投资领域就更游刃有余，因此风险管控是投资过程中必不可少的“防火墙”。

人本能地会规避风险，因此人们都愿意承受更低的风险。所以投资者在考虑某项投资时，必须判断投资的风险性，包括对于绝对风险的容忍度，以及损失的承受极限。因此，除了确定自己是否能够容忍伴随投资而产生的绝对风险外，投资者还要确定投资收益是否与所承担的风险相匹配，也就是这个收益率值不值得冒这个险。

在考虑投资结果时，收益仅仅代表收益，评估所承担的风险是必需的。收益是通过安全的还是有风险的投资工具得到的？是通过固定收益证券还是股票得到的？是通过投资大型、成熟的企业得到的，还是通过投资小型、不稳定的企业得到的？是通过投资流动性股票和债券还是通过流动性欠佳的私募股权得到的？是利用杠杆还是未利用杠杆得到的？是通过集中化投资组合还是多元化投资组合得到的？

对于投资风险，投资者一定要有一颗敬畏之心，要学会正确看待杠杆，谨慎对待风险。尤其是那些高比例配资的投资者，以及重仓融资炒作的投资者，要尽量降低投资的杠杆。从理性投资的角度来说，投资者也需要量力而行，过度地运用杠杆来投资，只会加剧投资风险，并最终难逃投资失败的命运。虽然这类投资者不排除阶段性的成功，但只要遇上一次失败，就很可能满盘皆输。

三、资产配置

（一）什么是资产配置

在投资理财上，很多人发现尽管平日省吃俭用甚至实施了一系列的理财计划，但是到最后还是存不下钱，很难保证资产的稳定增长。到底是哪里出了问题？很有可能是你的资产分配方式不合理。

莎士比亚的《威尼斯商人》中，主人公安东尼奥在故事最开始说过“感谢我的命运，我的买卖成败并不完全寄托在一艘船上，更不是依赖着一处地方，我的全部财产也不会因为这一年的盈亏受到影响，所以我的货物并不会使我忧愁”。这跟“鸡蛋不要放在一个篮子里”是同一个概念，都体现了资产配置的理念。

很多人因为不了解资产配置，认为理财项目就仅仅局限于银行定存和余额宝等。如果稍微增加一些理财知识，知道理财账户的存在和意义，那么就不会再满足于 3% 的投资收益率，家庭资产会得到更好地保值升值。资产配置其实就是让你在迷茫中寻找出路和解决方法，合理地整合配置资产会让表面上看起来的死局起死回生。

理财不只是打理金钱，更是打理你的生活。对于不同的人来说（生命周期、责任压力、人生目标等），资产配置的模式也是不同的，但资产配置只要能更好地满足家庭资产的流动性、收益性、保障性，那么就是最好的资产配置，理财的目标也能达成。只要是能让个人或家庭资产保值增值，抵御通货膨胀，能让个人或家庭资产实现更好的家庭目标（置业、教育、养老、健康等），能在一定程度上让我们实现物质上的自由（没有物质上的困扰，没有人际关系上的困扰，也没有精神上的困扰，进入自由自在的境界）甚至让自我或家庭在一定程度上实现阶层的跨越，就是投资理财的成功！

投资理财首先要将个人资源整合。包括已有资产、固定资产、流动资产、负债、浮动资产等，估算可承受的最大风险值和最小风险值。将现有资产重新配置，高安全与高收益并存，多种组合方式分散投资，对配比比例进行控制，争取投资回报率在风险控制范围内达到最高。

国际著名评级机构标准普尔调研了10万个资产稳健增加的家庭，得出的BOSS级家庭资产配置方案如下：

1. 要花的钱占比10%，适合短期消费

配置要点：3—6个月的生活费一般放在活期储蓄的银行卡中。这个账户用于保障家庭的短期开销，如日常生活、买衣服、美容、旅游等都应该从这个账户中支出。对于此我们最容易出现的问题是开销占比过高，很多时候也正是因为这个账户花销过多，而没有钱准备其他账户。

2. 保命的钱占比20%，主要是意外重疾保障

配置要点：专款专用，以小博大，解决家庭突发的大开支。这个账户一定要专款专用，保障在家庭成员出现意外事故、重大疾病时，有足够的钱来保命。这个账户主要是意外伤害和重疾保险，平时也许起不到什么作用，但到了关键时刻，它能保障自己的家庭不会为了急用钱卖车卖房，股票低价套现，到处借钱。没有这个账户，家庭资产就随时可能面临风险，所以叫保命钱。

3. 钱生钱的钱占比 30%，重在收益

配置要点：股票、基金、房产等，投资不等于理财，看见收益就看得见风险。这个账户关键在于合理的占比，也就是赚得起也要亏得起，即使亏损对家庭也不能有致命性的打击，能从容地抉择。

4. 保本升值的钱占比 40%，用来保本升值

配置要点：养老金、子女教育金等，债券、信托、分红险，本金安全，收益稳定，持续增长。这个账户为保本升值的钱，一定要保证本金不能有任何损失，并要抵御通货膨胀的侵蚀，所以收益不一定高，却是长期稳定的。这个账户最重要的是专属，不能随意取出使用。每年或每月有固定的钱进入这个账户，才能积少成多。这个账户一定要和自己的企业资产相隔离，不用于抵债。我们常听到很多人年轻时如何风光，老了却身无分文，穷困潦倒，就是因为没有这个账户作为保障。

家庭资产能否达到最终的投资理财目标，资产的大类分配是关键。而家庭资产能否保值增值取决于投资理财账户能否大概率地亏少赚多，不大幅亏损本金！

没有良好的规划，人云亦云地将自己的储蓄投入自己不熟悉的领域，将会是一场危险的游戏。只有提前进行理财规划，合理地配置家庭资产，实现财务自由，才能游刃有余地应对生活中的各种财富需求。

（二）个性化的资产配置模型

标准普尔家庭资产配置方案，是理想化的资产配置，让我们对资产配置有了清晰的概念，但这是属于静态的。我们要做的个性化资产配置，是结合我们的年龄阶段和投资性格偏好的，如表 4-1 所示。

表 4-1　个性化资产配置方案

<table>
<tr><th rowspan="2">投资品种</th><th rowspan="2">收益预期</th><th colspan="4">性格偏好</th><th colspan="5" rowspan="2">年龄阶段（岁）</th></tr>
<tr><th>保守</th><th>激进</th><th>积极</th><th>稳健</th></tr>
<tr><td>投机层</td><td>100%以上</td><td></td><td>90%</td><td>30%</td><td></td><td rowspan="2">20—30</td><td rowspan="3">30—40</td><td rowspan="4">40—55</td><td></td><td></td></tr>
<tr><td>投资层</td><td>20%以上</td><td></td><td>10%</td><td>30%</td><td>20%</td><td rowspan="4">55—65</td><td></td></tr>
<tr><td>增值层</td><td>10%以上</td><td>10%</td><td></td><td>40%</td><td>27%</td><td></td><td></td></tr>
<tr><td>保值层</td><td>同期利率</td><td>85%</td><td></td><td></td><td>50%</td><td></td><td></td><td rowspan="2">65岁后</td></tr>
<tr><td>现金层</td><td>无</td><td>5%</td><td></td><td></td><td>3%</td><td></td><td></td><td></td></tr>
</table>

注明：65 岁以后不适合再做风险投资，可少量配置一些增值理财产品。

投机和投资是一对亲兄弟，投机似乎含有贬义，事实上投机指的是高回报下风险较大的一种投资策略。投资是买“低估”，投机是买“情绪”。这是两者最根本的不同。

举个例子：比如你买的是一两百元甚至更低的茅台，这就是投资；但如果你买的是八九百元的茅台，哪怕以后再翻倍，这还是投机。再比如你买的10 年前的房子，那叫投资；但如果你是 2015 年以后跟风买的房子，那毫无疑问是投机。投资买的是低估资产，等待它价值回归，等待升值；但投机买的是情绪博弈的东西，也许有价值，也许没价值，也许仅值现价，也许不值，因为人的情绪的存在，它会产生价格波动，这就是投机。

资产投机，由于是进行单个资产的投资，没有使用对冲和多元化技术，因此非系统性风险因子（违约、波动、非流动性）依然存在。除了必须获得系统性收益以外，还必须获得风险溢价，也就是非系统性风险收益。

简单一点的说法，资产配置讲究的是“剩者为王”，资产投机讲究的是“胜者为王”，两者各有各的道理，主要取决于投资动机。但是，每一个投资者必须明白这个道理，不能稀里糊涂。否则，以为是“胜者为王”，但是一旦非系统性风险发生，就会输得一塌糊涂。此时，再明白“剩者为王”为时已晚，因为你已经什么也没有了。

同样，以为是“剩者为王”，内心又不能克服对高投资收益的贪婪，看到别人的绝对收益高，就会心有不甘，以为自己的投资方向是错误的，动摇资产配置的决心。当然也有人运气比较好，既做到了“胜者为王”，也做到了“剩者为王”，自然能成为投资中的佼佼者。

知道了投机与投资的区别，下面我们就来了解一下投机层的投资品种。

1. 投机层：外汇、期货、风投

炒外汇是标准的投机行为。因为外汇并不会给你带来任何现金流收入，你只有可能通过买卖的价差来获得唯一的收益（也可能是亏损）。同样的道理，期货（包括形形色色的黄金、白银、原油）也是标准的投机产品。

外汇投资，指投资者为了获取投资收益而进行的不同货币之间的兑换行为。外汇是“国际汇兑”的简称，有动态和静态两种含义。动态的含义指的是把一国货币兑换为另一国货币，借以清偿国际间债权债务关系的一种专门的经营活动。静态的含义指可用于国际间结算的外国货币及以外币表示的资产。通常所称的“外汇”这一名词是就其静态含义而言的。外汇投资的特点是汇价波动大，但风险可控、操作灵活、杠杆比率大、收益高等。

外汇资产越来越成为许多家庭资产配置中不可或缺的一项。近年来，国内外汇业发展迅速，各种外汇交易商如雨后春笋般涌出，但是这个鱼龙混杂的市场常常让投资者无所适从。尤其随着互联网的迅速发展，网络平台的增多，被骗的投资者不在少数，所以，如何辨别一个外汇平台的真假，是投资者要上的第一课。

期货，有买涨的，就有做空的，买进方与卖出方比例永远相同。大致来讲，期货可以达到两种交易目的：一是套期保值。比如农夫要把明年出产的玉米在期货市场上卖出以确保自己可以获取一个提前确定的收益。在卖方的相对立面是买方，比如用玉米作为原料的食品加工商，也可以在期货市场上套保以提前确定自己进货的成本。在这种情况下，期货提供了一个类似于保险的功能，但绝非投资。二是对于那些没有实货套期保值需求的期货交易者，就纯粹是投机了。

期货的投资与股票一样，甚至比股票还难。炒期货的人说："炒期货炒得好的人做股票都很容易，因为炒期货难度比炒股大很多。"无论是股票还是期货，投资的根本逻辑是相同的。期货除了需要应变之外，还考验对趋势的判断能力，这就需要一些年月积累，很多行家一笔持仓能翻几十倍。同理，风控也非常重要。

风投就是风险投资。技术、管理、市场、政策等存在的风险都非常大，即使在发达国家高技术企业的成功率也只有 20%—30%，所以风险是这类投资的最大属性。

风险投资是一种无担保、高风险的投资。投资对象没有固定资产或资金作为贷款的抵押和担保，因此无法从传统融资渠道获取资金，只能开辟新的渠道。风险投资周期一般较长，往往是在风险企业初创时就投入资金，一般需经 3—8 年才能通过退资取得收益，而且在此期间还要不断对有成功希望的企业进行增资。由于这种投资流动性较小，因此有人称为"呆滞资金"。

其实，风险投资是一种金融与科技、资金与管理相结合的专业性投资。风险资金与高新技术两个要素构成推动风险投资事业前行的两个车轮，二者缺一不可。风险投资家（公司）在向风险企业注入资金的同时，为降低投资风险，必然介入该企业的经营管理，提供咨询，参与重大问题的决策，必要时甚至解雇公司经理，亲自接管公司，尽力帮助该企业取得成功。

可见，风险投资是一种积极的投资活动，而不是一种消极的投机行为。它是对传统投资机制的重要补充，对一国生产力发展和经济结构的升级换代起着极为重要的作用。由于成功的项目回报率很高，故总能吸引一批投资者进行投资。

2. 投资层：股票、各类公募基金、指数基金、FOF

进行投资时，不要把鸡蛋放在一个篮子里，多渠道投资能分散风险，但也不能过于分散，否则可能导致不赚反亏。这个层面的关键在于合理的占比，一般占家庭资产的30%，也就是要赚得起也要亏得起，亏损时对家庭不能有致命性的打击！

资产配置中，适合放在投资层的理财产品有股票和各类基金。

股票和基金是标准的投资产品。因为股票和基金每年都会有股利分红，这就构成了一系列稳定的现金流收入，股票的价值也同样是由未来每一期股利进行贴现得到的净现值决定的。

说起股票很多人的第一感觉就是不太靠谱，谁买谁亏钱。但是股权投资随着中国经济和制度的完善在不断地走向成熟，未来股权投资会成为中国众多家庭不可回避的话题，即便买的是基金，那也是间接地进行了股权投资。中国的股市经历了30年的发展也在逐渐地走向成熟，不断的改革开放和不断的制度完善，加上投资者的不断优化，都是中国股市走向成熟的标志。

投资股票的风险主要有两个：亏损的风险和错失机会的风险。

牛市有三个阶段：

第一阶段：少数有远见的人开始相信一切会更好。

第二阶段：大多数投资者意识到进步的确已经发生。

第三阶段：人人断言一切永远会更好。

熊市有三个阶段：

第一阶段：少数人意识到尽管形势大好，但不能永远称心如意。

第二阶段：大多数投资者意识到事态的恶化。

第三阶段：人人相信形势会更糟。

这种钟摆式摆动的态度与行为便决定了牛市和熊市的往复更替，这也是证券市场周期最主要的特征之一。首先在钟摆的最左端，少数有远见的人开始相信一切会更好，于是慢慢买进。随后，大多数投资者意识到进步的确已经发生，便会买入更多，这个时候钟摆已经渐渐靠近中点。越过中点之后，人人都断言未来将会更好，于是钟摆便快速摆到了最右端。

不管是熊市还是牛市，归根结底都是周期。如同霍华德讲的金句：我认为，牢记万物皆有周期是至关重要的。我敢肯定的东西不多，但以下这些话千真万确，周期永远胜在最后。任何东西都不可能朝同一个方向永远发展下去。树木不会长到天上，很少有东西归零，坚持以今天的事件推测未来是对投资者的投资活动最大的危害。

股票投资就是要相信钟摆理论。看懂了经济周期，就会知道什么时候该投资，什么时候该停下休息。基金投资也是这个道理。

基金作为金融产品演变而来的产物，由货币型基金、股票型基金、债券型基金等组成。基金还可以演变成基金中的基金（Fund of Funds，FOF），指专门投资于其他基金的基金，通过持有基金而间接投资于各种类型的金融产品，核心在于资产配置。资产配置的主要内容是根据特定风险预期构建投资组合，以达到预期回报及控制风险的目的。

例如，货币型基金中的基金、股票型基金中的基金、债券型基金中的基金，机构会组织买更多的基金，所以风险更加分散，同时利润也更趋于最大化。

关于基金可以展开的话题很多，但篇幅有限，在此就选择几种类型以供大家参考。

第一类是指数基金，这是最常见的一种基金类型，比较有特色的是在国际上有很多单一国家的指数基金，例如：印度指数基金、巴西指数基金……

第二类是行业基金，常见的有能源基金，其中的代表是贝莱德世界能源基金。此外还有矿产基金、黄金基金、房地产基金……

第三类是货币基金，所有国内“宝宝”类的都是货币基金，例如余额宝、理财通……

第四类是债券基金，也就是以债券为主体的基金，典型的如太平洋亚洲中小企业债券基金……

第五类是对冲基金，这是运用风险对冲的策略获取收益的另类基金品种。

了解了股票和基金的属性及投资原则，那么在资产配置中，这就属于投资层面的理财产品。如果自身具备专业的投资知识，可以在这些理财产品上加大资金占比；如果本身缺乏专业知识，可以委托专业人员和机构进行操作。

房产投资的定义因人而异，炒房客的定义就是投机。而在普通老百姓的定义里房产既是投资产品又是增值产品，房子是用来住的，不是用来炒的，所以在普通老百姓的资产配置里，房产的占比往往都是占了大头，甚至三代人的资产就是一套房子，而其他占比顶多10%左右。

作为中国房地产的龙头和风向标，一线城市房价出现上涨或下跌对舆论影响巨大，在过去“买房必赚钱”的惯性思维下，很多人认为，投资买房一定是稳赚不赔的。事实上，任何投资都不能一概而论，房价下挫对于投资者来说就是很好的风险教育。这就要求投资者要想投资房产，必须学会审时度势，知己知彼。“己”的这一方面，要知道房是刚需自住，还是用来纯粹投资；“彼”的这一方面，是要看房子属于什么类型，有无升值的可能。

自住买房和投资买房是完全不同的两种思维，现在很多人在纠结，就是因为把这两种情况混在一起了。自住买房：关心的是过一段时间之后房价是不是涨了，并不关心成本，一、二线城市的房价大趋势总归是向上的。结论：自住房在一、二线城市随时可以买，如果能结合前面提到的，根据个人经济实力选择好的区域，那就更好了。投资买房：关注的是收益，成本是重中之重，特别是持有成本。投资房产的黄金时期已经过去了，买了放着就赚钱的好日子已经一去不复返了。现在投资房产买进卖出的时间节点非常重要，决定了是否有收益。房子同样是 3 年涨 20%，自住的可能很高兴，投资的可能就愁眉苦脸了。房子的价格是可以分拆成各种组成部分的，这样可以评估房价是不是注地，以及以后是否有前景。

对于某些人来说的投机行为，对于另外一些人来说可能就变成了投资行为。比如炒股票：大部分散户在信息不全、研究不够的前提下买卖股票，显然是“瞎买”，即投机，但是这并不代表所有买卖股票的个体都在投机。投机层的理财产品要审时度势，在资产的配置里要用占比较少的钱来进行。

大部分投资者面临的问题是其实自己在投机，却误以为自己在投资。由于这种误解，给投资者带来的损失非常严重，因此搞清楚这个问题对于理性投资来说有很重要的意义。

3. 增值层：债券、定期存款、理财产品、资管计划

处于增值层的资产配置是一笔长期收益的稳健资产，可投资信托、债券等，主要用于养老、教育。特点是本金安全、收益稳定、持续增长。持有它的关键是要保本升值，一定要保证本金无损，最好能抵御通货膨胀。一定要长期稳定地投入，不要随意取出使用。符合这些前提的理财产品，大概包括债券、定存、银行理财产品、资管计划等。

首先，我们看债券。在投资市场上，股市与债市存在一定的"跷跷板"效应。每当股市下跌时，国债价格上扬；每当股市上涨时，国债下跌。所以，投资国债也应该密切关注股市对国债行情的影响，以便作出正确决策。

虽然债券投资技巧没有股票操作那么复杂，但也要注意以下三点（仅供参考）：

（1）上午利率常常比下午高。观察一下4天以内短期国债品种的K线，你会发现阴线比阳线多。这是因为许多股民本来打算用这些钱买股票，但看了半天，实在没有好的股票交易机会，于是下午这些钱都用来买国债"赚个烧饼钱"，从而压低了利率。所以，上午买短期国债一般比下午买好。

（2）节假日之前资金比较紧张，利率一般比较高。如2012年12月31日1天期国债利率最高冲到30.002%，2天期最高14%，3天期最高9.2%等。所以，节假日一两天前的"有肉"行情尽量不要错过。

（3）周五买1天期国债不合算。国债的期限是按照自然日计算的，而交割日是按照工作日计算。如果周五买1天期国债，下周一这笔钱才能回到股票账户，但你只拿到1天的国债利息，周六和周日的"活期利息"就没有了。为了弥补这一点，周五的1天期国债利率一般高一些。

对于特别喜欢折腾，不愿意放过每一天的股票操作的股民来说，做1天期国债是个不错的选择。1天期国债的交割是个特例，资金第二天就能用。例如，你周二下午2点买入1天期国债，经过一个晚上，现金又回到你的账户，周三上午10点你仍然可以用这笔钱买股票。这也正是1天期国债特别活跃，其交易量超过其他各品种国债交易量总和的原因。

其次，银行定期存款。这个不用说人人都知道非常稳健，甚至有的人一存进去就N多年不去管，长年累月下来也会增值不少，比起“月光族”要进步很多。很多不懂投资理财的人，既不去投资其他理财产品，也不强制自己做定期储蓄。虽然银行存款利率不断下降，定存的利息也不太乐观，但这样一种稳定无风险的理财手段，对于很多“投资怕”来讲还是很有必要的。常见的几种储蓄理财增加利息的做法如下：

（1）约定自动转存。约定自动转存就是客户与银行签订协议，只要活期账户的余额超过一定数额，银行就会在每月固定的时间将客户活期账户内的指定金额自动转为定期。比如，客户与银行约定，只要账户余额超过8000元，则在该月的18日将其中的5000元转为定期存款，具体的定期年限由客户决定。

这样做不仅能自动把预算之外的闲钱及时转成定期存款，同时还能保证手头永远有一笔可提取的活期存款。

（2）12存单法。每月提取工资收入的10%—15%做一个定期存款单。每月定期存款单期限可以设为1年，每月都这么做，1年下来你就会有12张一年期的定期存款单。12存单法的好处在于，从第二年起，每个月都会有1张存款单到期供你备用，如果不用则加上新存的钱，继续做定期。这样既能比较灵活地使用存款，又能得到定期的存款利息，是一个两全其美的做法。假如你这样坚持下去，日积月累，就会攒下一笔不小的存款。如果嫌1年时间太长周转不开，先从3个月、半年开始定存也无妨。也有人喜欢24单（2年期）和36单（3年期）。但个人认为储蓄周期太长，不划算，这么长时间内都用不上的钱，不如通过其他途径进行投资，收益会更好。

（3）阶梯存款法。这更适合已有一笔固定资金的投资者。例如一笔10万元的资金，将其均分为5份，按1年、2年、3年、4年、5年的期限存5份定期存款。第一年过后，把到期的1年定期存单续存并改为5年定期；第二年过后，则把到期的2年定期存单续存并改为5年定期。以此类推，5年后，5张存单都会变成5年定期存单，但每年都会有一张存单到期，并且都能享受5年定期的高利率。

（4）强制归集关联账户。这指当关联账户余额大于保底金额时，自动把超出部分转账至中心账户；当关联账户余额小于等于保底金额时，不执行任何操作。而全额归集指归集方式设置为全额归集后，只要关联账户余额大于0，则自动把关联账户所有资金转账至中心账户。其实这并不是新鲜事物，而是超级网银的功能之一。

再次，学会购买银行理财产品。把钱存入银行，除了定存，还有一个值得重视和规划的就是购买银行的理财产品。银行理财产品并非存款，也存在一定风险。有不少投资者误将银行理财产品看作“保险箱”，认为它保本保收益，这其实是存在误区的。一般来说，根据获取收益方式的不同，银行理财产品可划分为保证收益理财产品、非保证收益理财产品两大类。保证收益理财产品包括固定收益理财产品和有最低收益的浮动收益理财产品，前者的收益到期为固定的。非保证收益理财产品又可以分为保本浮动收益理财产品和非保本浮动收益理财产品。非保本浮动收益理财产品甚至有可能发生本金亏损。

需要提醒的是，预期最高收益不等同于实际收益，这指的是在理想情况下理财产品的收益情况，其中存在一定的市场风险，预期收益可能最终不能实现。中央允许银行宣布破产，对于存款人只赔存款，而不赔理财产品。从这项政策可以看出，银行理财产品安全稳定优势的时代已不复存在。

在购买理财产品时，要综合考虑安全、风险、收益和流动性，并合理分配资金，特别是要选择适合自己的理财产品。比如：退休家庭或中低收入家庭建议购买低风险产品；风险承受能力高的消费者，可选择外汇买卖获取利差；

对于有出国需求的可通过外汇买卖换取该国币种，也可将手中低利率外汇换成高利率外汇来获取息差；选择人民币理财产品要根据资金使用的时间来选择期限合理的产品。

最后，资管计划也是增值的手段。资管计划就是资管产品，指获得证监会批准的证券公司或者公募基金管理公司，募集符合监管机构规定的特定客户的资金或通过担任资产管理人的形式接受特定客户的财产委托，由资产托管人托管并交由专业资产管理人来管理的一种理财服务创新类的标准化金融产品。

通俗点说资管产品就是投资者将自己的资金交给训练有素的专业人员进行管理，既避免了因专业知识和投资经验不足而可能引起的不必要风险，同时也能取得稳定收益的一款安全度较高的理财产品。

4. 保值层 / 保障层：养老险、教育金、意外险、重疾险

保障层的资产配置一般占家庭资产的 20%，专门解决突发的大额开支。一旦发生意外、重疾等不幸，家庭资产很可能在一夜之间灰飞烟灭，因此在生活充满不确定的情况下，提前准备好保障资产无疑是明智之举，一般要重点规划养老险、教育金、意外险、重疾险等。

对于保险规划要注意三个关键点：所处的人生阶段、家庭负担及个人在家庭的地位（包含责任和经济地位）以及所拥有的资产。

青年单身期，指从参加工作到结婚的这段时间，一般 2—8 年，年龄一般在 22—30 岁。在这个时期，个人刚刚迈入社会工作，收入较低，但花销大，因此没有多少家庭负担，应重视的是自身的意外和意外医疗类保障。这时可考虑一定数额的意外险和重疾险，万一发生意外，可得到充分的赔偿用于治疗和渡过受伤后的难关；万一身故，也可为父母提供抚恤金用于晚年生活。若收入尚可，可考虑重疾险，毕竟“年纪越轻，保费越便宜”，这是购买寿险产品的最基本观念。如果有医保或单位能报销一部分，就可选择津贴类保险。

家庭形成期，指结婚到新生儿诞生的这段时间，一般1—3年。随着家庭的组建，子女的降生，经济负担加重。当家庭总收入增长，并且事业处于上升阶段，生活开始走向稳定，这时候最大的家庭支出一般是房贷，因此要将其合理规划在自己的承受范围内，并且预留周转的空间，此时应开始考虑子女教育金的准备，及早规划，能减轻后期负担。

夫妻对双方、对父母都承担着责任，因此可选择保障性高的终身寿险、附加定期寿险、意外险、重疾险和医疗险。另外，可以购买适量的两全保险储备孩子的教育费用以及自己年老以后的养老金。建议成年人（有家庭的人）的组合应为终身寿险+重疾险+意外险+医疗险为主，如有条件，可考虑投资性保险。

家庭成长期，指子女出生到完成大学教育这段时间，一般为18—22年。这个阶段，生活与事业都趋于稳定，家庭成员没什么大的变化，只是孩子慢慢长大，父母慢慢变老，自己的身体机能越来越差。在这个阶段家庭一般都已经有了一定的资产储备，应该要考虑的是提高投资资产的比例，逐年累积净资产。

中年人承载着整个家庭的压力和责任，要考虑家庭、家人健康的双重保障，根据家庭状况选择适当的健康险就显得尤为重要，建议首选重疾险。同时，需为自己购买较高额的寿险、意外险和特种疾病险，再配合住院险和津贴型保险，万一发生了意外，可使孩子和家庭得到经济保障。

家庭成熟期，指子女工作到个人退休之前，一般为10—15年。在这个阶段，家庭稳定，子女独立，收入增加，支出减少，资产不断增加，负债不断减少。如果个人在这些年足够努力并且有一定机遇的话，可能已经实现财务自由了，没有实现的话应该在这条路上接近终点了。这个阶段，人们虽然一般在事业上已经处于巅峰期，但身体机能下滑严重，同时需要侧重退休养老的准备，投资组合应该降低风险，以获得更稳健的收益为主。

家庭环境在发生变化，保险的需求也在发生变化。国内的家庭往往保险意识不强，对保险需求不清晰。如已购买保险，不妨学习中国香港地区、日本等居民的做法，在人生不同阶段添置保险，并定期对保险进行整理。

一个家庭的资产配置在保险规划上也不是一成不变的，要在人生的不同阶段适时对自己的保障计划进行调整。另外，保额也要随着时间的推移慢慢加大，今天的 20 万元可能还能治疗早期的重大疾病，20 年后呢？20 万元的价值可能与今天的 1 万元相当。所以，不要再说你已经买过保险了，最好每隔一两年做一次保单年检，查漏补缺。同时，买保险不能光听保险业务员的推销，更要靠自己去学习规划，学习相关保险知识，设计保险计划，挑选保险产品。一旦学会理财和规划，你自己就可以直接找保险公司进行投保了。

5. 现金管理层：活期存款、货币基金、银行现金管理类理财产品

资产配置的现金管理层，保障的是家庭的日常开销，包括吃饭、穿衣、出行等，额度最好控制在家庭资产的 10% 左右，如果占比过高，就没有足够的钱投进其他账户了。

活期存款就是随时能支取的现金。我们都知道，理财是为实现人生的重大目标而服务的，而每月的收入和现金其实就是投资的来源。因此，合理地预留现金，应该先根据理财目标，通过精确的计算，得出为达成目标所需的每月金额；然后量入为出，在明确的理财目标的指引下，每月都按此金额进行储蓄。至于每月的支出，就是每月的收入扣除每月的储蓄额后的结余。

不少 30 岁以下的年轻人沉浸在享乐里，美其名曰“活在当下”。但其实再年轻也要面对老去的岁月。50 岁之后，工作提升的空间变小，工资收入增长变慢，健康、养老的压力却近在眼前。如果没有足够的积累打底，曾经的追风少年也要面对现实的冷风。只看重眼前而过度消费，今后要为被浪费的时间付出代价。要知道，现在挥霍掉的100元并不只是100元，它还意味着可能源源不断地收益，趁早树立理财意识，及早开始现金管理并参与投资，这才是对未来负责。

首先，随着当下互联网金融的兴起，越来越多的现金理财工具应运而生。因此，在现金充裕的情况下，可选择合适的理财工具进行投资理财。

其次，货币基金也是一个不错的现金管理产品。货币基金基本上是随存随取的，比活期存款要稍微麻烦一点，但是比一年期定期存款要灵活得多。而从收益上来看，货币基金的收益是活期存款的10倍，是1年期定期存款的3倍。

以前，在智能手机还不发达的年代，投资货币基金还有点麻烦，但是现在智能手机已经非常普遍了，只需要点几下手机，1分钟都不要，钱就可以进入货币基金赚取收益。比如，支付宝的余额宝、微信的理财通，收益率比银行的定期高好多。现在，很多年轻人都是直接把钱存在余额宝里。

基于此，银行也在积极应对这些货币基金对市场的抢夺，推出自己的理财产品。

比如平安的“平安盈”、广发的“智能金”、交行的“实时提现”、工行的“天天益”等。各家银行的产品如雨后春笋般涌出，这些产品背后绑定的是货币基金，同时兼具货币基金的收益以及取现的灵活性、还信用卡等多种复合功能。面对主打“收益率+短期资金用途+赎回效率”的各种“宝”们，银行系产品在收益率上难以比肩，但在申购、取现额度上较互联网产品有了显著提高。不过目前来看银行类现金产品似乎并不是银行主推的，在银行首页上通常找不到产品相关信息，其主要针对手机银行客户或是部分地方银行客户。

了解了这些相关的现金管理理财工具后，个人可以根据实际情况选择合适的产品来进行现金管理。

（三）投资风格：不同性格对应不同风险和收益

1. 保守型：多考虑较为安全的投资理财方式

常听投资人说，“生活中，我是一个保守型投资者，我的钱都存到了银行，没有做其他任何投资”。很多投资理财机构会对投资者进行问卷测试，从而得出他们是什么类型的投资者。

根据风险评估测试，保守型的投资人在投资时倾向于承担更小的风险。因此，保守型、谨慎型的投资者在投资时关注的第一位就是安全。

保守型投资者以资产保本增值为主要目标，风格上比较保守，变动幅度小，风险也低。对于收益来说，喜欢比较稳定的经常性收入。保守型投资者适合定期存款、大额存单、国债、货币基金、保本基金和银行理财，不适合炒股票，尤其不适合原始股及任何虚拟货币。

如果可以接受10%—20%的亏损，那风险偏好还是属于保守的，可以投资债券型基金、银行理财、券商理财和定投指数基金。但不适合原始股投资、民族大业计划，不适合任何虚拟货币的买卖，不适合任何组织化的投资。

如果能够接受50%左右的亏损，可以买新基金，也可以买偏股票型的混合型基金，定投指数基金，但仍然不适合进行原始股投资、民族大业计划，不适合购买任何虚拟货币。

如果能接受本金全部亏损，那么炒股也可以，买股票型基金也可以，买分级基金也行，甚至黄金和比特币都可以。那么，有哪些个人理财产品适合保守型投资者呢？

（1）货币基金。货币基金安全稳健，风险极小，在银行利率极低的时代，货币基金是个不错的选择。

首先，货币基金一般有比定期存款略高的收益。因为它是通过基金的形式去投资一些银行间的同业拆借，不需要定期，把活期转为定期就能获得比定期存款略高的利息。

其次，一般的货币基金就是今天赎回，最多T+1个工作日就到账了。也就是今天在下午3点收市之前要赎回一笔钱，明天就可以到账。因此，货币基金的资金流动性基本等于活期存款。

（2）储蓄式国债。国债一般是老年人偏爱的一种投资品种，它以国家信用作为保障，稳健的同时比同期银行定期存款收益要高。但相比其他投资产品，国债的期限太长，流动性不强。如果提前承兑需要损失一定期限的利息，成本较高。因此，如果想投资储蓄国债，需要做好长期投资的准备。

（3）大额存单。作为一种新型的投资品种，市场对其需要一段时间的适应。对于草根投资者来说，大额存单最大的投资限制在于门槛较高。目前，个人投资者的投资门槛为30万元，高于银行理财等多类投资品种。另外，在收益方面和部分小银行的定存收益相差不大。除此之外，目前大额存单和银行定存的流动性相差不大，如果未来大额存单交易平台搭建完毕，大额存单的流动性优势就会凸显出来。

2. 激进型：风险下的价格波动与收益回报

激进型投资者大部分因为财务状况乐观，或者因为投资期限较长，其风险承受能力变得很强。为了追求最大回报，他们愿意承受资产价格的短期大幅波动，甚至可以接受相对长时间的亏损。如此，承担的风险水平虽较高，但大多数情况下往往也能够带来较高的收益回报。这种类型的投资者可以将绝大部分的资金投资于一种高风险的投资产品，并且主动涉足一些创新领域。但为了保证投资的收益，需要保证资金的闲置时间，做到长期投资。

激进型的理财追求高收益率，投资者有能力承担风险，目前比较公认的高收益、高风险类产品是股票、期货等。

（1）股票类：这个就不用说了，套用现在流行的一句笑话：当今中国谁最有胆量，就是押中国男足拿世界杯冠军与玩 A 股的。

（2）期货类：与股票一样，也不用提了，可以让你从有 10 万元变成 1 个亿，也能让你瞬间“奔驰”进去“奔奔”出来。

3. 积极型：注重投资回报，远离风险领域

积极型的投资者介于保守型和激进型两者之间，积极型投资者所选择的是小型公司股票、认股权证、期指等风险较高的金融产品。因承担的风险大，收益也较高，可使投资者的资金获得大幅度增值。

积极型投资理财的原则：

（1）在投资与理财的过程中，当其他因素都相同时，就应该选择一些收益比较高的理财产品，这样做能提高理财成功的概率。

（2）风险与获利能力有着密切的关系，正常情况下获利能力的高低和风险的大小是成正比的。所以，在理财的时候，时刻不要忘了“风险”二字。金融市场可以说是千变万化的，不能因为在短时间里赚了一大笔钱，就以为很容易赚钱，致使自己的贪心爆棚。不要忘了，高收益的背后往往伴随着高风险，不管什么时候，都要理智分析所选择的理财产品，注重投资回报，远离风险领域。

（3）资金流动灵活性。每一个投资者都明白，投资一定要用闲钱，这是为了防止意外发生的时候，没有资金应急。所以，在理财规划的时候，划定一

小部分资金来作为应急流动资金是比较重要的。

4. 稳健型：让资产保持一个稳步上升的态势

稳健型投资者为风险中性投资者，该类投资者具有一定的风险承受能力，希望可以获得较为稳健的投资回报，对投资本金的安全性给予适当关注。对于稳健型投资者来说，配置型基金是最合适的选择，即以平均投资组合的形式出现，基金既投资于股票，又投资于债券，尽量将资产分散投放在不同的投资市场和投资工具上。

配置型基金按照股票仓位的高低，可以分为积极配置型基金、标准混合型基金以及保守配置型基金，积极配置型股票仓位通常可以在60%—90%变动，标准配置一般是40%—80%，保守配置的股票仓位一般在0—50%范围内。

这个品种是介于股票型基金和债券型基金之间的过渡品种，比较强调基金经理对股票、债券的配置比例，大类资产配置也是决定其收益率水平和风险的最重要因素。

配置型基金和股票型基金的主要差别在于，股票仓位的弹性通常比较灵活，可以在预期市场下跌的时候，把股票仓位降低到契约规定的下限；也可以在预期市场较好的时候，把股票仓位提高到和股票型基金差不多的水平。

稳健型投资者在做具体的理财规划之前，首先要对自己的财务状况进行总结和分析，包括年度支出总额、是否有负债等。要知道自己有哪些是必要的支出、收入状况如何、负债需要多久才能还清等，才能制订出更合理的理财规划方案。其次要制订合理的收支预算，包括年度和月度，两者都要按照量入为出的原则进行制订。

一个健康的市场上涨是需要一个过程的，有时候这个过程比较缓慢并伴随着震荡，但震荡并不会影响上涨的大趋势。善于理财和投资的人在面对震荡的理财市场时通常不会慌乱，更多的是沉稳；面对缓慢上涨的理财市场时通常不会急躁，表现出更多的耐心。虽然频繁地购买一些收益上涨的理财产品，可能会获得一些收益，收益却未必有多少，还会更增加投资成本与风险，更像是在“猜大小”而不是投资，所以建议广大稳健型投资者，在选择理财产品时，要禁止频繁操作，选择一两个像“房易贷”这样的将用户资金交由银行存管，并且年化收益可达 14% 的可靠理财产品投资就可以了。

第五章　投资能力的自我修炼

投资，不是有钱有胆量就可以干的事情，盲目冲动去投资与自杀无异。投资之前，要对自己有一个了解，看看自己是否具备一个合格投资人的能力。即使有些能力不具备，也要知道你在哪些方面需要提升，毕竟投资之前交学费，比投资失败交学费要划算得多。

一、投资观念

（一）价值观

现实中，通过努力，为什么有的人成了投资者，有的人成了投机者，而有的人什么都不是？投资人为什么会有不同的结果呢？因为不同投资人的价值观和世界观不同。其中，价值观是首要的。

投资价值观最简单的描述就是对与错，即“这个投资是否正确？”该问题的解答决定着投资人在投资面前的价值选择。现实中，多数人的价值观是从众观，即对事物的评价主要看社会流行或主流评价是什么。遇到某件事特别是新事物或变化很大的事物时，他们首先会看其他人或他能接触到的舆论观点。其他人的影响主要来自所谓亲密或信任程度、权威、阶层、高大上等因素。因此，多数人的价值观并不固定。

例如，当股价上涨到一定阶段，多数人会蜂拥入市，因为他们知道上升的股市是财富或社会正面评价的来源，不甘心落在他人身后，不想成为被社会抛下的人，他们对于“发财”并没有太系统或成熟的想法。投入 10 万元，只要能赚个 5000 元乃至 1000 元都很高兴，甚至还可以在亲友面前吹嘘一番。

而投资者或投机者，一般都渴望有所成就。他们会与标杆级别的人物（如巴菲特、索罗斯）或事物（如市场指数的变化）作比较，判断自己距离理想的成功的远近。可见，两类人是存在相似之处的，即有一定追求，并愿意为此而独立思考、学习、判断。

那么，投资者和投机者的区别是什么？在于对投资价值观的理解不同。

投机者的价值观会为目标聚焦，为了实现目的，任何手段都可以使用。对他们来说，怎么做不重要，关键是能否以最快的方式赚钱。对他们来说，买股票、期货还是买房子、外汇都不重要，重要的是这些方式都为他们提供了更快赚钱的可能。经营企业同样如此。任何业务他们都不会经营很长时间，因为他们会不断地变换赚钱项目。

投机者最喜欢的口头禅是“这都不重要，关键是你能不能赚钱？”“现在搞什么赚钱啊？”他们认为，只有正确的过程才能得到正确的结果，至少长期看是这样的。如果非正确的过程获得较好的结果，也只是一种运气或者偶然；从长期发展的角度来看，非正确的过程是不可能得到理想结果的。

对于投资者来说，他们之所以要投资股票，是因为他们认同企业是创造财富的源泉，觉得只要买入股票，也就买入了企业的一部分，自己从股票中获得的收益就是企业创造的部分财富。因此，他们几乎都不认可通过看各项指标认识股票价值。

通常，在学生时代，我们就已经形成了自己的价值观体系，除非后来的生活境遇发生很大变化。否则，学生时代形成的价值观就会逐步加强，最终形成所谓的成见。所以，很多投资人之所以能够成为价值投资者，就是因为受自己早期价值观的影响。

价值投资者会用自觉、欢迎和开放的态度对待学习，会把学习看作生活的一部分；而投机者在学生时代更在意考试成绩和人们对成绩的评价。

投资价值观是一种投资信仰。所谓信仰，就是不管在任何情况下，都会坚定不移地认可并认可此决定。但同样需要提醒的是，价值投资不能成为一种宗教信仰或意识形态，应该用开放的姿态，清楚它只是一种客观分析后的实证，否则会蒙蔽我们的双眼。

（二）盈亏观

在投资中，树立正确的“盈亏观”对于投资至关重要。

1. 什么是“盈”？什么是“亏”？

价值投资者认可的盈利来源有两个：一是股票价格低于企业合理估值所产生的资本利得；二是企业持续成长或盈利所带来的股东回报。同样，价值投资者认可的亏损来源也有两个方面：一是对企业的合理估值判断出现失误，出价过高所导致的永久资本损失；二是对企业的持续成长和盈利前景判断出现失误所带来永久性的资本损失。

由此可见，价值投资者的盈亏其实都是内生性的，与市场的涨跌关系不大。一般来说，价值投资者很难赚到市场泡沫阶段的投机利润；同样，市场波动所带来的股票账面亏损也不会对他们内生的盈利目标造成影响。

但是，现实中多数人都无法区分上述差异，不是将不可预知的股票投机性盈利和价值投资者所能把握的企业合理盈利混淆在一起，就是将股票价格波动所带来的“账面亏损”和投资判断失误所带来的“永久性资本损失”混淆在一起。其实，二者之间有着本质的区别。

2. “盈”要盈得实在

即使股票涨了，投资也不一定赚钱。因为价值投资者眼中的盈利并不取决于市场的涨跌，而是取决于股票买入价格与企业合理价值的差值。能否盈利，在股票买入之时就已经决定，而不是由买入之后的股价上涨所决定的，简单说，就是常说的价格超值、够便宜，买到就是赚到。巴菲特之所以要关闭交易机，远离华尔街，就是因为股票价格涨跌与价值投资者的盈利没有关系。

如果股票价格涨跌与盈利密切相关，那只能证明一件事——你关注的是以更高的价格卖出所带来的投机利润，这部分盈利超出了价值投资可控的范围，波动剧烈而且难以预测。当股票价格明显超过企业的合理估值时，价值投资者一般都会卖出，但太早卖出，会错失股票价格从合理到高估的投机利润。但是，正是因为这个原因，价值投资者才能避免后期股价波动所带来的投机损失风险。

3.“亏”要亏得明白

股票跌了，投资也不一定亏钱。价值投资者亏损的唯一来源是企业价值判断失误所带来的永久资本损失，这也是在买入股票之时就已经决定了的，只不过是在买入之后才会意识到。

只有由于价值判断失误所带来的永久性资本亏损，股价的短期下跌对其才无意义，否则也只是账面上的“浮亏”而已。基于正确的价值判断，股价回归价值是必然的。甚至在股价下跌过程中，价值投资者还可以买得更多，以进一步扩大未来的盈利水平。

当股票价格明显低于企业的合理估值时，价值投资者会在一定的安全边际内选择买入。但是，过早买入，就要承担股票价格从低估到极度低估的账面亏损。但是，市场波动所带来的账面亏损，是暂时的和可逆的。此时，聪明的价值投资者往往会买入更多，而不是斩仓出局。

4. 知易行难：“盈亏观”面临的挑战

投资的“盈亏观”，在现实中也是知易行难。其原因主要是市场非理性是常态，而理性是非常态。市场非理性甚至可以持续数周、数月、数年。在市场持续非理性飙涨时，价值投资者只能空仓“望股兴叹”；而在市场持续非理性下跌时，价值投资者则会满仓“忍受暴跌”。

如果客户不了解资金管理者的投资理念，就会加剧放大这种波动。老虎基金曾经是全球最大的对冲基金之一，在网络股泡沫的疯狂中，因坚持原则而遭遇大规模赎回，致使资产大幅缩水，最后朱利安·罗伯逊被迫清盘，清盘后一个多月，网络股泡沫破灭。

同样，在金融危机中，很多价值投资者都是在市场跌去一半时开始抄底，结果市场暴跌，价值投资机构没死在山顶，却死在了半山腰。当年巴菲特抄底时，也一度亏损过半，但是由于采用了独特的伯克希尔模式，才让他转危为安。可见，价值投资者的“盈亏观”仍然要面临客户和市场的挑战，也是知易行难。从这个意义上来说，充足的安全边际异常必要和重要。而几乎不加杠杆和保留充足的现金头寸，即使会损失部分收益率，但在市场特殊阶段，也是价值投资者能够续命的唯一法宝。

二、分析决策

在作投资决策前，必须具备认识事物、收集信息和分析信息的能力。在这个过程中，首先要具备怀疑精神，不要迷信权威，要保持独立思考。而要想做到这一点，就要确立自己的分析系统，为独立判断决策打下基础。

任何投资产品，只要涉及指数和盘面，就离不开基本面、技术面和心理面三个因素。证券投资的分析方法主要是宏观分析、微观分析、市场情绪分析，并将这三种分析方法一起作为提高证券投资分析有效性和可靠性的有益补充。基本面分析和技术面分析应该是相辅相成、相得益彰的。它们之间的关系是技术分析要有基本分析的支持，才可避免缘木求鱼；而技术分析和基本分析要纳入演化分析的框架，才能真正提高可持续生存能力！

宏观分析就是对基本面的了解，泛指宏观经济、行业动态、国际政治变化。原则上，市场的超额收益来自基本面的改善，而基本面的改善是从量变到质变的过程。一般来说，基本面的大趋势是不可阻挡的，也就是说，它只会迟到但不会缺席。

证券基本分析法是以传统经济学理论为基础，以企业价值作为主要研究对象，通过对决定企业内在价值和影响股票价格的宏观经济形势、行业发展前景、企业经营状况等进行详尽分析（一般经济学范式），以大概测算上市公司的长期投资价值和安全边际，并与当前的股票价格进行比较，形成相应的投资建议。基本分析认为股价波动不可能被准确预测，而只能在有足够安全边际的情况下买入股票并长期持有。基本面是宏观分析，而技术面就是微观分析。

技术面的总体走势体现了基本面的波动情况。技术面总体只有三种情况：多头、空头、震荡。我们需要学会趋势追随并顺势而为。震荡的市场机会不多，小波动难以产生大的交易机会，多头市场和空头市场才是造富市场，而多空市场的形成需要事件的驱动。

证券技术分析法是以传统证券学理论为基础，以股票价格为主要研究对象，以预测股价波动趋势为主要目的，从股价变化的历史图表入手（数理或牛顿范式）对股票市场波动规律进行分析的方法总和。技术分析认为市场行为包容消化一切，股价波动可以定量分析和预测，如道氏理论、波浪理论、江恩理论等。

在分析的过程中，基本面研究更应该注重投资企业的基础数据分析，就像巴菲特根本不去关心市场的动态，他只尽心研究企业财务报表，因为在财务报表里他可以看到最本质的信息。上市公司每个季度、年度都要对外公布财务季报及年报，财报上的数据显示了公司的经营成果，是一份全面的企业“体检”报告。

在投资股市时，分析公司的财务报表，就能清楚地看到公司的财务结构和盈利能力。

在家庭资产配置和个人投资理财时，分析财报，就能对自己真实的财务状况有更清晰的认知。

看到这里，有人可能会说：没有财务基础和财务知识，是不是就不能作投资分析了？其实，你分析的不仅仅是市场信息，要想做好投资分析，还要学习财报的解读常识。

财务报表并不是1张表，而是由资产负债表、利润表、现金流量表3张表构成。3张表分别呈现的是公司的资产负债状况、利润状况和现金流状况。

做投资理财时，很多投资专家之所以会建议先看企业报表，就是因为它可以让你对准备投资的公司有更加清晰的认知。

资产负债表主要由资产、负债和所有者权益三个细分项组成。三者之间的关系可以用一个公式表示：

资产 = 负债 + 所有者权益

根据我国的会计准则的规定，所有公司的资产负债表都要按照同样的格式编制，不管它们看起来有多复杂，最终都能简化成一张缩减表。理解了这张表，也就理解了资产负债表的构成逻辑。

在投资理财前，家庭和个人也能做一张资产负债表，如表5–1所示。以个人的资产和负债为例，假设你有一套价值300万元的房子（贷款200万元），一辆价值50万元的车（贷款30万元），30万元的银行存款，那么如何编制资产负债表呢？资产包括房、车、存款，一共380万元；负债包括房贷、车贷，一共230万元；剩下的150万元（300–200+50–30+30=150）就叫作所有者权益，也是你的资产扣除负债后真正属于你的部分。

表5–1　资产负债表

资产（万元）	负债（万元）
房屋：300	房贷：200
车子：50	车贷：30
存款：30	所有者权益：150
资产总计：380	负债和所有者权益：380

在个人或家庭投资理财之前，每个人都应该试着做一张资产负债表，清楚自己的财务状况，看看自己的钱从哪儿来、去了哪儿。

制作家庭资产负债表除了可以帮我们读懂财报，还能帮助我们在投资理财时作出更加理智的决策。比如，资产扣除负债后得到的所有者权益才是真正归属于股东的部分，那么通过分析资产负债表中的资产科目和负债科目，就可以对公司的财务状况作出判断。

如果用比值来呈现负债在资产中的占比，就是用负债总额除以资产总额，该比率在财务上被叫作资产负债率。资产负债率可以很好地反映公司真实的财务状况。

如果公司的资产负债率为80%，甚至90%，就说明它借了很多债，偿债风险比较高，甚至可能资不抵债，就不要投资这样的公司。所以，投资分析不是胡思乱想，而是要对收集到的有效信息进行科学分析。

按百分比来划分技术分析和基本面分析各自在投资过程中的重要性，计算它们的各自占比。通常，即使技术分析做得再好，也只有20%的赢面；如果宏观形势基本面分析做得好，加10分，胜算率也只有30%，剩下的70%是市场情绪。

市场情绪分析指的就是投资大众的心理，如前面讲到的压力位与支撑位，它们之所以会起作用，主要是大众的心理在发挥作用。由于投资者心态的差异导致投资收益相去甚远，一般把投资者心理特征分为四大类：

（1）自信情结。高估自己的判断力，过分自信。心理学研究发现，当人们称对某事抱有90%的把握时，成功的概率大约只有70%。

（2）回避损失。趋利避害是人类行为的主要动机之一，而在经济活动中，人们对“趋利”与“避害”的选择首先是考虑如何避免损失，其次才是获取收益。马科维茨首先注意到了人类的这种行为方式，后来的实证研究进一步表明，人们在从事金融交易时，内心对利害的权衡是不均衡的，赋予“避害”因素的考虑权重是“趋利”因素的两倍。

（3）追求时尚和从众心理。位置消费理论告诉我们：人们对相对经济地位的追求在空间上表现为与他人相比。可见，人们的相互影响对个人决策行为有很大的影响，而追求时尚与从众心理便是其中最突出的特点。因此，在金融投资领域，金融学家已经开始将这一特点作为重要的投资决策因素来考虑。

（4）后悔与谨慎这种心理状态普遍存在于人们的经济活动中。即使决策结果相同，如果某种决策方式可以减少投资者的后悔心理，对投资者来说，这种决策方式仍然优于其他决策方式。

宏观的基本面分析和微观的技术分析，以及市场情绪的分析，都是“分析”，也就是说，它们都属于一种预测行为，并不能对市场作出百分之百准确的结论。投资者是在用自己的方式去理解市场、回应市场。因此，这几个方面无须分高下、优劣之判。无论是基本面还是技术面，运用得好结果都好，如果再辅以情绪稳定，那么，投资就是一件比较容易的事了。

三、决策能力

投资是一个不断作决策、观察结果的过程，因此要先把决策的过程和结果区分开来。如此，直觉可能会告诉你，只要结果能赚钱，过程怎么样都行。比如，你前天买了某只股票，昨天涨了 2 个点，看上去这是一个正确的决策，因为它产生了一个好的结果，但它未必是一个高质量的决策过程。因为在买这只股票的时候，你并不知道第二天它是涨是跌，这个盈利的结果，有一部分是来自运气，未必体现你的选股能力。

一个人，阅读了一篇介绍某个企业的新闻或文章，脑中灵光一闪，决定买入只要几分钟，而想要深入了解这种股票，研究基本面、供求关系、筹码稀缺性、交易对手行为、市场情绪和估值等多方面，可能要花几个月的时间。虽然最终的投资行为都是买入，但决策过程的质量完全不同。我们当下所作出的决策，都是面向未知和未来的。未来的结果可能有无数种，我们最终看到的结果，只是众多可能性中的一种，包括各种意外和巧合。记住，好的决策不一定总能带来好的结果，我们不能仅从结果来判断决策的质量。

市场几乎每年都会出现投资赚钱良机，为什么有人能抓住机会实现资产爆炸式增长？而有人与机会擦肩而过？他们的区别就在于——正确的投资决策必须要经历正确的决策过程。

看到市场情绪比较高昂，很多投资者会说："我随便买两只股票都涨停了，你们的基金才涨了 2 个点，机构投资还没有我厉害。”可是，如果市场行情不好，投资者就会发现，即使自己分析得头头是道，也改变不了投资失利的事实。因为大趋势已经确定，不会由个人的意志所转移。而投资决策的本质是在不确定性上下注，不管你是新手还是老手，不管采用什么策略和方法，都要面对未知和不确定性。

宏观经济的大方向大家都容易知道，除了极少数特别创新的点可能知道得晚一点。但微观信息了解得不充分，导致不敢决策、不便决策，就只能硬赌。国内很多优秀的基金，长期处在竞争优势的位置上。投资人虽然经常换却没有影响其投资决策，这其实是背后有一个庞大的信息系统支撑，行业信息、行业报告可以随时调出来。如果没有强大的信息系统支撑，个人投资者更需要锻炼和提升的就是分析和决策能力。

投资决策是追求大概率的过程，每次投资都是概率问题，处于信息不完全的条件下，没有绝对只赚不赔的生意。投资者不可能是“常胜将军”，因为并不是每次投资决策的结果都是好的，我们要争取做个不败将军，尽可能地多赢，即使输了，也不至于“乌江自刎”。

在投资过程中，偶尔会发生一些小概率事件，尤其是我们判断错误的时候，更要尽可能地把亏损控制在可接受的范围。即使面对看似非常有诱惑力的选项，依然要理性地去看待风险。面对市场的波动，很多人都会感到焦虑，尤其是当市场向自己期望的相反方向波动的时候，持续的重压会导致投资者动作变形，最终陷入恶性循环。除了接受投资的结果是不可预测的、长期投资是不断积累大概率的过程外，角色的转换也有利于良好心态的回归。

从本质上来说，证券投资就是一种零和博弈。也就是说，只要存在赚钱的人，就必然会有亏损的人。但如果将投资转换为一种经营心态，作为上市公司所有权的持有者，希望跟上市公司的所有利益相关方共同创造价值，并在这一过程中享受共同成长的回报，最终就会实现多方共赢。也就是说，我们完全可以从零和博弈中的胜者转而变成多赢局面中的受益方。只要确定前进的方向是正确的，随着时间的推移，公司的价值就会不断累积，那么短期的波动也就会成为成长的必经之路。

这里有一个真实的案例：

自中国开股市以来，一位老股民便一直坚持只做一只股票。据测算，他在这只股票上的投入大概有 50 万元，但其持有的股票市值最高的时候达到 2400 万元。那么，这位老先生为何会取得如此可观的回报呢？也许你会说他是第一代股民，运气好，第一代股民都赚钱了。诚然，入市早的部分股民确实赚了钱，但赔钱离场的也不少！

这位老先生的投资决策，对普通投资者来说，是一个具有分析价值的样本，仔细分析他的投资行为模式，可以得到一些有益启示。

首先，只选择一个领域里的一只股票。既然自己的知识结构不完善，就只选一个领域，之后在该领域几十年如一日，只关注一只股票，他对这只股票的了解程度，甚至超过了这家企业的中高层。按照“一万小时学习理论”，只要关注一个领域的时间足够长，便会对该领域形成比较健全的认知，而这种认知就会将市场上的不确定性逐渐转换为确定性，在确定的环境下作投资决策，赢的概率就会变大。

其次，这位老股民相信所持股票的公司。每次股价调整，他都不认为是离场的时候，而把它看作加仓的机会。他的基本观点是股票和货币同样是财富，社会经济会发展，货币会贬值，股票也会随着经济社会的发展而逐渐升值或贬值。

最后，在一个更长的时间框架里持股，不太关注股票投资的一时得失。

这位老先生能取得可观的投资回报，虽然也有运气的因素，但是以上三点才是主要原因。在不知不觉中，这位老先生已经具备了“合格个人投资者”的基本素养。

四、自控能力

不少投资人并不是欠缺分析能力，反之，他们非常具有决策能力，可是再好再牛的股票给他，他也拿不住，一涨一跌就逃跑了，始终赚不到大钱。有些投资者恨不得一入市，价格就向着有利于自己的方向运动，可现实往往事与愿违。这到底是什么原因呢？我们在前面章节中所提到的投资观和盈亏观，就是投资原则，而守住原则的投资，必须要有投资纪律。要想不折不扣地执行投资纪律，就必须要有自控能力，也就是执行力。尤其是在投资过程中，行情大起大伏，是最考验投资者忍耐力的时候。作为一个优秀的投资人，一定要严格按照原来的操作计划行事，千万不要患得患失，频繁操作，以致溃不成军。

金融市场对每一个人都是公平的，既然有人亏钱，就肯定会有人赚钱。但是想在投资中获利，真的没有捷径，只有像苦行僧一样：每日认真做功课，勤于积累，提升耐力，在机遇面前冷静从容，在风险面前进退自如。股市上有一句格言："忍耐是一种投资，自律是成功的前提。"投资的胆识和谋略是必要的，但自控能力也一定不可欠缺！

有一个流传很久的故事：

美国船王哈利曾对儿子小哈利说："等你到了 23 岁，我会将公司的财政大权交给你。"没想到，儿子 23 岁生日这天，老哈利却将他带进了赌场。老哈利给了小哈利 2000 美元，让小哈利熟悉牌桌上的伎俩，并告诉他：无论如何都不能把钱输光。

小哈利连连点头。老哈利还是不放心，反复叮嘱儿子，一定要剩下500美元。小哈利拍着胸脯答应下来。结果，小哈利赌红了眼，把父亲的话统统抛到了九霄云外，输得一分不剩。

走出赌场，小哈利十分沮丧，说他本以为最后两把能赚回来，没想到却输得更惨。

老哈利说："你要再进赌场，不过本钱我不会给你，你要自己去挣。"

小哈利花费一个月时间去打工，挣到了700美元。再次走进赌场时，他给自己定下了规矩：只能输掉一半的钱，只剩一半时，一定离开牌桌。然而，小哈利又一次失败了。当他输掉一半的钱时，脚下就像被钉了钉子般无法动弹。他没能坚守住自己的原则，再次把钱全都押了上去，输了个精光。老哈利在一旁看着，一言不发。

走出赌场，小哈利对父亲说，他再也不想进赌场了，因为按照他的性格，他会把最后一分钱输光，他注定是个输家。没想到，老哈利却不以为然，依然让小哈利再进赌场。老哈利说："赌场是世界上博弈最激烈、最无情、最残酷的地方，人生亦如赌场，你怎么能不继续？"

小哈利只好再去打短工，半年后，他第三次走进赌场。这一次，他的运气还是不好，又是一场输局。但他吸取了过去的教训，冷静、沉稳了许多。当钱输到一半时，他毅然决然地走出了赌场。虽然他还是输掉了一半，心里却有一种赢的感觉，因为这一次，他战胜了自己。

老哈利看出儿子的喜悦，说："你觉得，走进赌场，是为了赢谁？你要先赢自己，控制住自己，才能做天下真正的赢家。"

从此以后，小哈利每次走进赌场，都会给自己划一个界限，输掉10%时，一定会退出牌桌。再往后，熟悉了赌场的小哈利竟然开始赢了，不仅保住了本钱，还赢了几百美元。站在一旁的父亲警告他，现在立刻离开赌桌。可是，这是他第一次赢，小哈利不愿意走。玩了几把，又赢了一些钱，眼看手上的钱就要翻倍，小哈利无比兴奋。结果，让人没想到的是，就在此时，形势急转直下，对手增加了赌注，只玩了两把，小哈利又输得精光。

从天堂瞬间跌落地狱，小哈利惊出了一身冷汗，他这才想起父亲的忠告。如果当时听从父亲的话离开，他就是一个赢家。结果，他错过了赢的机会，又一次做了输家，实在可惜。

一年以后，小哈利再去赌场时，他俨然成了一个像模像样的老手，输赢都控制在10%以内。不管输到10%或者赢到10%，他都会坚决离场，即使在最顺的时候，他也不会纠缠。老哈利激动不已，因为他知道，在这个世上，能在赢时退场的人，才是真正的赢家。

老哈利决定将百亿公司的财政大权交给小哈利，听到这突然的任命，小哈利倍感吃惊："我还不懂公司业务呢。"老哈利却一脸轻松地说："业务是小事。在这个世界上，很多人之所以会失败，并不是因为不懂业务，而是控制不了自己的情绪和欲望。"老哈利指导小哈利的道理是能够控制情绪和欲望，也就掌控了成功的主动权。

自控能力的根本就是与自己的情绪作斗争，而情绪的起因是自己的欲望，如何管理好自己的欲望才是完善自控力的根本。《了凡四训》中讲道："世间享千金之产者，定是千金人物；享百金之产者，定是百金人物；应饿死者，定是饿死人物。天不过因材而笃，几曾加纤毫意思。"

这句话对应在投资中，我们可以这么理解，你有挣10万元的能力就有10

万元的资产，有挣 100 万元的能力就有 100 万元的资产，有挣 1000 万元的能力就有 1000 万元的资产。这个能力就是一个人的格局、气度、魄力、经验、胆量、勇气、智慧。综合来说，就是一个人的德行、道行。而人的德行、道行就好比一条船，船越大装载的东西越多，越能经得起风浪；船越小装的东西越少，越容易翻。有人没有财富的承载力，管理不好拥有的财富，有钱也很容易流失，保不住。

比如很多彩票大奖的中奖者，因德行不够，承载力不行，天降横财激发了巨大的欲望，导致管理不好财富，挥霍无度，致使钱来得快，去得也快，结局大多不好。还有一些人在投资市场上快速挣到很多财富，但心理承受能力不够，压力太大造成身体出现疾病，这就是“德不配位必有灾殃”。

你的心有多宽，你的舞台就有多大；你的格局有多大，你的德行就能有多宽！放大你的格局，内心就不会被眼前的小利所动，心定情绪就稳。情绪不起波澜，自控能力自然显现。

第六章　房产投资

投资房产，对于普通投资者来说，一定是笔大投资，少则几十万元，多则几百万元、上千万元。闭着眼睛买房也能挣钱的时代已经过去了，大家对房产投资也越来越理性。无论是三四线城市还是一线城市的远郊区域，都有一个共同特点，就是供应量大。除了现有的库存量，还有未来可预见的新增供应量，一旦城市发展速度或者区域市政配套速度跟不上，那么需求量也将受到限制，因此也很难在短期内激活二手市场。同时，供应量大还将影响价格波动。阶段性供应量超过需求量，价格有可能下调，如果不幸在高位入手，那么阶段性亏本的可能性会更大。未来住宅的投资属性将越来越弱。因此，住宅未来的主要功能将回到居住这一层面，国家一再强调：房子是用来住的，不是用来炒的！

房产虽然不提倡炒作，但房产价值不会消失。房产投资在不同的人眼里有不同的价值，因为个人房产投资的价值定义，是根据人生成长的不同阶段的需求而定的。由于人生的不断发展与进阶，对房产的需求也在逐层提升，从自住、改善到投资，这也对应着人生的三个发展阶段——萌芽期、成长期、成熟期。

第一阶段：萌芽期——自住需求

大多数人的第一套房是靠父母的资助完成的。这个阶段买房最重要的是以建立家庭为首要目标，次要关注单位距离、生活配套和交通出行便利等。

第二阶段：成长期——改善置业

随着时间的推移，事业上升，收入水平增加，孩子出生，父母帮忙照顾小孩等，此阶段可能会置换成三居室甚至四居室，以满足居住舒适度。同时兼顾孩子的教育问题，学区房也要纳入视线。很多人会进行两个角度的配置，要么买一个具备学区的品质新房，要么配置一套品质新房和低总价的老破小学区房。无论哪种配置，这都是改善生活和改善置业的第二阶段买房需求。

第三阶段：成熟期——资产配置

这个阶段买房是资产配置的一种，只要房子基本面好，升值前景看得见，就可以买。至于地段、面积、配套等都无所谓，只要有潜力就买、买、买。这个阶段房子不再是单纯的居住空间，它被赋予了更多的功能属性，如财富保值与资产升值。

无论需求处于哪个阶段，随着楼市越来越成熟，买房子都会变成一个技术性问题，房子的具体位置决定着个人的生活品质、孩子的教育、房子的升值等。下面，我们就来了解一下房产投资的各种策略。

一、自住房与投资房

自住买房和投资买房是完全不同的两种购买思维，很多人之所以感到纠结，就是把这两种情况混淆在一起了。自住买房：关心的是未来房子是否会涨价，并不关心成本。投资买房：关注的是收益，成本是重中之重，特别是持有成本。如今，投资房产的黄金时期已经过去，买了放着就赚钱的好日子一去不复返，投资房产买进卖出的时间点决定着是否有收益。房子同样 3 年涨 20%，自住的可能很高兴，投资的可能就愁眉苦脸了。所以，需要先区分自住房与投资房。

（一）自住房

买房前，购房者首先要知道：自住买房的目的是什么？好的自住房，最大的特点就是符合自己的生活需求。这里提到的生活需求有明需求和隐需求两种。明需求比较容易理解，比如，楼层、采光、花园、装修、超市等。而对于交通配套的需求，对于缩短通勤时间的需求，对于子女、父母生活配套的需求，则属于隐性需求。

比如，郊区地铁旁的房子，买的时候觉得只要有地铁就行，结果入住后发现地铁通勤时间长，拥挤，停运时间早，给自己的生活带来了很多不便；公路交通因为距离原因同样非常耗时；购房时开发商承诺配套的学校，并不能满足自己孩子上学所需，但因为位置的问题，短距离内又没有可以借读的学校等。可是，这种房子的升值空间很大。因为各种卖点利好，二手房甚至还比很多房子的涨幅更为明显。

所以，自住买房的逻辑遵循的第一点就是便利度，不仅指交通，还指子女和父母所需。总结起来就是抛开地铁等限时公共交通外，依然能够以比较低的成本、在较短的时间内满足你的日常生活；有足够优秀的对位学校，有所需的医疗和交际配套。同时，房子还有能够满足短期内自身所需的面积和房间数。

而对于年轻人自住买房，特别是处于奋斗期的两口之家，自住买房的逻辑更需要清晰：不要把时间花费到通勤上，即使房子再新再好；不要把超长线的需求放在当下，在有限的资本下，要尽可能满足当下的需求。

（二）投资房

投资的目的是什么？当然是投资回报率。虽然房住不炒依然是主基调，但把闲置资金投入房地产，依然是很多人的选择。既然是投资，回报率自然也就成了最终投资成功与否的体现。所以，投资买房时，掌握好的投资标的和逻辑，相对于自住选房来说，就更加重要了。主要需关注以下几点：（1）城市动能强。比如，一线城市、强二线城市，而非三、四线城市。（2）片区内有足够的卖点。比如，未来 CBD、地铁线、政务区、自贸区等。（3）片区内有足够可炒作的地。如果没有地，无法拍地王，未来只会平和上涨。（4）片区内有足够好的学校，且距离你家足够近。（5）标的开发商比周围的开发商都优秀。（6）标的因为历史原因低于同级别城市或同级别区域，形成了洼地。

上面这些优势，只要能满足一半，都是优秀的投资标的。当然，要想作出优秀的投资判断，还需注意以下几个问题：（1）不要纠结自住是否舒服，更不要考虑医疗等自住才需考虑的属性。（2）如果利好足够，可以忽略户型之类的属性。（3）近地铁比商业后期更能卖得上价格。（4）刚需小区买小套，改善小区买大套，更容易出手和溢价。（5）不要觉得人在哪里就必须买哪里。

（三）投资和自住能同时兼顾吗

在保证舒适自住的情况下，还能获得持续的收益，以后出手可能还能小赚一笔，房子在哪里买问题都不大，几乎都能实现你的“小目标”。但是，从投资角度来说，自住买房和投资买房还是有区别的。

两者的出发点和思维逻辑不在同一个纬度。自住是刚需，是为了满足生活的需要；而投资是非刚需，是投资回报的需要。刚需意味着不管房子涨跌，对你都没什么影响；如果是投资，就会异常关注房价的波动。

自住房考虑的是生活的便捷性，比如：上班距离，孩子上学，交通方便与否，周边商业配套是否完善，环境绿化是否舒服等；而投资房考虑的是未来该地会不会通地铁，附近会不会搭建商业综合体、学校、医院等，只要配套设施齐全，房价一定会水涨船高。简而言之，自住房考虑的是当下生活的便捷性，而投资房考虑的是未来的升值空间有多大。如果现在房子的配套已经很完善，房子未来的升值空间就很有限了，因为投资就是用时间换空间的游戏。

要特别提醒的是，一定不要将自住房与投资房混淆一起。比如：北京和上海的老户居民在成熟的地段大都有自己的房产，房产按市值计算，很多人都是千万身家，可是多数都不会将房子卖掉。因为他们只有一套住房，如果卖了，就只能去偏远的郊区重新购置房产，生活环境就完全变了。所以，在一线城市存在很多身价千万但生活依然拮据的人群。于是，有些人打起了这个群体的主意，玩起了以房产价值作为投资的游戏。同理，用自住房抵押贷款去做投资或投入生产经营的朋友也要警惕：投资失败或经营不成功，会严重影响家庭的稳定生活，切记一定要在家庭和投资、经营之间立一道防火墙。

自住是自住，投资是投资，如果硬要放在一起考虑，把生活需求和投资需求混在一起，大概率折中后的结果：居住既不会太舒适，投资回报收益也不会特别高。因此，要特别强调，投资房产，是投资还是自住，目的一定要明确，不能一概而论。

二、期房与现房

在买房时，购房投资者都会面临买期房还是买现房的抉择。其实，期房、现房各有优劣，如果资金充足，当然要选现房；如果资金不充足，就要仔细斟酌一下了。那么，期房和现房有什么区别？

首先，要了解期房与现房的定义。期房一般指在建的、尚未完成建设的、不能交付使用的房屋，即开发商从取得商品房预售许可证开始至取得房地产产权证（大产证）为止，在这一期间的商品房称为期房，消费者在这一阶段购买商品房时应签预售合同。现房指消费者在购买时具备即买即可入住的商品房，即开发商已办妥所售房屋的大产证的商品房，与消费者签订商品房买卖合同后，立即可以办理入住并取得产权证。只有拥有房产证和土地使用证，才能称为现房。

（一）期房和现房的区别

1. 从入住时间对比来看

现房什么时候买就什么时候可以住；想要入住期房，则需要等待比较长的时间。

2. 从配套设施来看

现房的配套设施完善，大多是已经建好的配套设施，户主可以通过亲自体验来判断好坏，并提出修改建议；期房就只能看设计图和区域规划图，但具体是否能实现还不确定。

3. 从房屋价格来看

通常现房的价格要比期房高一些，可以直接入住，不需要时间成本；而期房的房价受市场、地段的影响较大，但优惠力度也较大。

（二）现房的优势与劣势

1. 优势

（1）现房，看得见、摸得着，能切身考察楼盘的真实情况，给人一种安全感。购房者可以进屋检查房子的质量，观察屋子的整体现状，甚至体会小区物业的服务。

（2）配套成熟，未来增值可期。可以考察所买的房子到小区配套的交通站点步行几分钟能够到达，还可以在规划的交通图上找到哪个楼盘更适合自己，为未来提前规划好日常上下班路线。

（3）购房纠纷少，风险小。现房的价格往往比期房高，不过，多出的这部分钱很多购房者都愿意承担。因为购买期房有很大的不确定性，现房最吸引购房者的便是能够将一切风险降到最低。对于目前的购房者来说，现房或准现房是最好的选择，交钱拿钥匙，非常省心。

（4）收房周期短。对于尚没有住房的刚需人群，比如等着结婚的购房者来说，购买现房，可以省去从购买期房到入住这段时间的租金支出，也压缩了交着月供等收房的时间，可以尽快入住新房。

2. 劣势

（1）现房的价格比期房高一些，优惠自然也少一些，在高房价的趋势下，购房者的压力会比较大。

（2）选择现房，可供购房者选择的房源并不是很多，在挑选方面不占优势。

（3）现房的隐蔽工程难以看到，比如：房屋的墙体、进出水的设备、房屋的电路走向等，只有经过较长时间的试用才能知道。

（三）期房的优势与劣势

1. 优势

（1）通常，期房价格较低，对自住者来说更划算，对投资者来说有升值空间。

（2）先期预购，户型、位置利于选择。房屋未竣工，销售工作刚刚开始，且房型齐全，朝向好的户型也在其中，购房者选择余地比较大。

（3）工程质量随时可见，便于监督和提出意见。只要付完定金，购房者就能随时去观看工程进度，对于房屋结构、墙体构造、水暖电等设备管路、管线、接口等不易观察的部分，可一览无余。

2. 劣势

（1）楼盘的效果图渲染得十分精美，会对消费者造成误导。如果在交房后与开发商宣传的差距较大，则会造成损失。

（2）对于开发商的情况难以把握。开发商在建设过程中因为资金不足使工程停顿，或因技术实力不够造成建设质量降低，以及在建设过程中擅自变更原来的设计或承诺，都会给购买者造成巨大损失。

（3）市场的行情和价格难以预测。购房者与开发商签订合同并付款后，因为市场因素的作用，房价会产生波动。涨价，购房者受益；跌价，购房者就会遭受损失。

综上所述，现房和期房各有利弊。现房虽然价格贵一些，选择空间比较小，但是质量看得见摸得着，更有保障。如果资金不是特别充裕，不着急居住，可以考虑一下期房。但是选择期房之前，要对开发商、楼盘进行全面了解，尽可能选择名气大、口碑好的开发商。

三、学区房与学位房

孩子的教育问题，是每个家庭的重中之重。家长都希望自己的孩子能上一个好学校，能给孩子提供一个好的教育环境，但是实现起来很难，尤其是想要上重点学校。由此，就出现了学区房和学位房的概念。

（一）学区房

教育部根据每年片区入学生源划分出一个范围，在这个范围里，学生可以通过享受义务教育免试就近入学。这种范围内的物业房产，就叫学区房。

如果买房是为了给孩子占一个优质教育资源，就不是简单地在学校附近有个房子那么简单了。学区房的界定，并非离学校近，有些房屋虽然与重点学校仅一墙之隔，但不一定就能进入该学校就读。虽然学区划分相对稳定，但也不是一成不变的。家长在考察学区房时，一定要前往教育部门了解清楚，以免花高价买房孩子却不能入学。

首先，注意购房入学的时间限制。许多学校并不是刚一落户就能入学，而是有些附加条件。例如，规定孩子落户学区房 3 年后才能入学，否则要交赞助费。

其次，区域内生源超过教育资源的承受范围，会有一些调整，很可能无法就近入学。

最后，买二手学区房要注意户口迁移问题。购买二手学区房，如果原产权人户口未迁出或未作更改，购房者就很难实现户口迁入，会影响孩子入学。所以，在购买学区房之前，最好去房源所在地派出所询问一下房子的户口情况。此外，签订购房合同时，要在合同中明确约定不能落户时卖方需承担的违约责任。

（二）学位房

学区房和学位房的区别是什么？

首先，二者的定义不同，学位房是开发商与某学校合作，引进某学校的学位，在购房合同中写有赠予入学学位。在购买学位房时一定要注意：不是所有的房子都会有学位资源，一定要在购房合同中写出“赠送学位”一项。而且，部分学位有年限限制，过期作废。准备购买二手房的投资人一定要了解清楚，如果学位已经被原住户使用，那么，就没有学位了。

其次，学区房与学位房还有以下不同之处：

（1）规定不同。学位房就是跟指定学校有联建关系或合作关系，然后买这个房子带一个上学的指标；而学区房，是根据教育部门规定，按照学生的户籍所在地，义务教育阶段学生都是由教育部门统筹安排就近免试入学。

（2）范围不同。学位房不一定在学区范围内，但学区房一定就在学区范围内。

（3）入学政策不同。部分学位有年限限制，学位房应至少提前 3 年购房；子女入读指定的学校，无须参加入学考试、电脑派位等程序。学区房，由政府划分，不同年份会有调整。

（4）学位保障性不同。学位房一般情况下只要购买了房子，就会有上学的学位；而学区房是房产位置属于学校辐射范围内，可以享受就近上学，但学校不一定有学位。

综上所述，不管是购买学区房还是学位房，都要及时了解相关政策和规定，以免出现不必要的麻烦。

四、住宅与豪宅

住宅与豪宅的定义分别是“普通住宅”和“非普通住宅”。它们的区别主要体现在建筑容积率、税费、单套建筑面积和贷款等几个方面。

普通住宅指按所在地一般民用住宅建筑标准来建造的作为居住用途的房屋，目前多为多层住宅与高层住宅。

非普通住宅一般指住宅建筑面积较大（144 平方米以上）或高标准住宅。

普通住宅和非普通住宅在税费等相关贷款政策方面是有区别的。

（一）个人所得税

普通住宅和非普通住宅一样，满 5 唯一，免征。

如果不满 5 年或者非唯一，个人所得税通常是成交价 ×1%（有些城市的税费不太一样）。

（二）增值税及其附加税

普通住宅：满 2 年（含）免征。

非普通住宅：个人将购买 2 年以上（含 2 年）的非普通住房对外销售的，以销售收入减去购买住房价款后的差额按照 5% 的征收率缴纳增值税。

上述政策仅适用于北京市、上海市、广州市和深圳市。

（三）契税

第二套房契税一律为3%。

普通住宅：若面积小于90㎡，契税＝成交价×1%；面积大于90㎡小于144㎡，契税＝成交价×1.5%。

非普通住宅：首套房契税＝房价×1.5%；二套房契税＝房价×2%。

（四）贷款

普通住宅的首套首付款：成交价格—房屋评估值×65%

二套首付款：成交价格—房屋评估值×40%

非普通住宅的首套首付款：成交价格—房屋评估值×60%

二套首付款：成交价格—房屋评估值×20%

综上所述，普通住宅和非普通住宅的判定标准不同，二者的区别也很大。投资者买入需求更广泛的普通住宅，通常会更安全。首次置业者、改善居住环境的购房者属于主流购房群体，无论经济环境如何，这个群体都会存在，即使在经济萧条期，好地段的普通住宅房产价格也依然坚挺。

而投资豪宅或别墅就没有那么简单了。

一是别墅的贷款和抵押的政策比较差，杠杆率不足，从投资的角度上来说，几乎失去了杠杆的属性。别墅总价比较高，流动性比较差，出手比较难，一个别墅挂牌一两年卖不出去的情况特别常见，因此在急需用钱想卖掉的时候，可能就要打折割肉出售。

二是高端房产市场缺乏流动性，且高端房产的价值波动大且顺周期。换句话说，当经济状况良好时，会带来强劲的增长；而在经济低迷时期，比如在金融危机时，价格可能会大幅下跌。

豪宅和别墅价格的波动性，让银行万分担忧。在银行看来，高端房价大幅下跌的可能性增高，提高借款人的首付要求就成了必然。

抗压性差和流动性差是高端房市的两大特点，因为该类型房产需求非常狭窄，主要是针对富有的自住业主，只在偶然的时候，才会出现专门寻找高端租赁物业的投资者。在市场繁荣时期，富人的购买力急速上升，在供应有限的高端市场竞争十分激烈；在经济衰退期，买家几乎都会立刻消失，而那些曾经风光一时的房地产商，只能被迫低价出售。

五、写字楼与商铺

（一）写字楼

随着城市的不断发展，投资写字楼也成了房产投资的一种选择，尤其是商业发达地段的写字楼更容易受到房地产投资者的青睐。一方面，好地段的写字楼供应量小，需求量大，价值高，这样的写字楼往往具有较高的投资回报率。另一方面，写字楼面积大、总价高、空置率以及变现周期长，投资写字楼需要更加理性和更专业的眼光。

1. 投资写字楼的基本原则

（1）选择区位要准确。房产的增值主要来源于土地的增值，而城市的主中心区土地的稀缺性更强，增值的空间更大，特别是主中心区范围有限，且根据现行的城市规划政策，已不可能再有新的高层写字楼供应。城市主中心区位资源优势得天独厚，人流、物流、信息流、资金流汇聚，商机勃发。是否位于城市的主中心区，是衡量一幢写字楼的档次和是否具有投资价值的首选要素。

（2）物业品质要高。对于实际使用的企业来说，写字楼的品质至关重要。它包含很多方面的内容，比如：交通的便利程度、停车场的设计是否合理、物业建筑立面和建筑品质、大堂的品位和布置、电梯质量与配置状况、结构布局是否适用、采光通风是否良好等，都需要逐一比较、观察和感受。

（3）配套服务要完善。只有匹配一流的软性配套，写字楼才能更加焕发光彩。在软性配套方面，买方一般看中的都是信息化配置和智能化配置，基本分析指标有楼宇自控系统、外部宽带接入、内部综合布线、GSM 室内覆盖、网络系统的配置程度与可变性等。而物业管理的好坏决定着投资能否保值和增值。要看物业管理公司的品牌和社会口碑，关键是看该管理公司是否能做到严谨、安全、细致、周到、快捷等，最好是已通过 ISO9000 国际质量体系认证的物业公司，服务品质才更有保障。

（4）年回报率 7% 才值得投资。检验一处写字楼是否值得投资，从回报率就能大致了解。一般来说，7% 的年回报率是个坎，超过这个数，只要花费 15 年左右就能收回投资成本；少于这个回报率，就不要再入手了。

（5）租金要能够抵月供。目前，很多写字楼都是带租约销售，甚至租金的收入要比付出的月供还要高，这样的写字楼更有安全保障，更值得出手。

2. 写字楼投资策略

（1）区位资源。房产增值主要来源于土地的增值。交通便利的市中心由于土地的稀缺性，所以增值空间更大。因此，是否位于城市的主中心区，是衡量一幢写字楼的档次和是否具有投资价值的首选要素之一。另外，要看资源集中度、周边设施配套度是否完善，即周边是不是人流、物流、资金流、信息流汇聚之地。写字间是生产资料，商业办公配套设施齐全，商机才能勃发，才会具备投资或办公价值。

（2）设计、外观。作为企业，办公地点不仅是生产价值的场所，还承载着企业对外形象展示的功能。只要条件允许，为了提升自己的形象，企业通常会选择一栋设计新颖合理的写字楼。所以，写字楼的外观设计，内部空间结构设计，走廊、大厅、卫生间、景观区等设计是否有品位，采光通风、电梯的质量与配置、装修的品质等因素也会影响企业的使用价值和投资价值。

（3）使用方便。对于实际使用的企业来讲，入住写字楼后，更加看中办公使用是否方便。这里的方便指的是：交通是否便利，停车是否方便，乘坐电梯是否需要漫长的等待。交通拥堵的地域或位置偏远、交通不便的写字楼，一般不适合投资；同时，过长的等待时间成本也会让人产生厌烦情绪，只有使用者感到方便快捷、身心愉悦，企业才能在此长久发展，也才会形成口碑。

（4）物业不可忽视。物业管理公司直接决定着写字楼的用水、用电、供暖、安保、卫生清洁、空调供应、车位管理、电梯维护保养、整体服务形象等，只要其中一个环节出现问题，就会影响办公企业的体验感受。任何企业都不喜欢在垃圾满地、时常停水停电、冬天冷夏天热的环境下办公，所以投资时一定要选择物业档次高的项目。

（5）软性配套。这里的软性配套指的是信息化配置和智能化配置。通信网络是办公的基础。同时，随着科技的发展，通风、采光、门禁、监控等最新智能产品与技术不断涌现，智能化系统的应用也越来越普遍，新建的写字楼一般都会将最新的信息化、智能化系统引入自身产品中，不仅方便企业办公，还更节能，处理问题也更及时。无论投资还是办公，这种写字楼都非常值得关注。

（6）自用型客户比例。投资写字楼，不仅要看客户群体是谁，即租给谁，还要看竞争对手是谁。如果投资可以被切成很小块出售的物业，就要当心了，虽然投资门槛较低，总价不高，但是进驻的物业公司档次低，小业主太多，流动性大，不但会影响物业的管理水平，经济状况不好时，小业主还会恶意压价，影响你的收益。如果开发商坚持整层或半层销售，就能在一定程度上提升进驻门槛，提升自用型客户的比例；同时，入住的客户一般也比较有实力，如果这栋写字楼 60% 以上客户都是自用型的，未来招租就会很有利。

（7）投资比较。甲级写字楼与乙级写字楼相比，甲级写字楼虽然价格高一些，但是物业管理以及设计配套更完善，可以提升企业的形象，所以租金一般会不断上涨。虽然乙级写字楼总价低，但随着更多写字楼项目的涌现，管理、形象有所差距的乙级写字楼由于招租困难，招不到有实力的企业，租金自然也就无法提升。

（8）投资回报率。投资者在投资时，还要充分考虑自己的资金实力。依据一般的计算方法，投资回报率 = 月租金 ×12（个月）/ 售价。例如：现有一处写字楼，面积约 100 平方米，售价约为 18000 元 / 平方米，月租金约为 9000 元。盘算得知，这处写字楼的投资回报率为 6%，投资者要根据自己的资金情况选择投资项目。根据国际专业理财公司的计算原则，只要 15 年内能够收回投资总价，就说明该项目具有可投资价值。

3. 投资写字楼的风险

（1）了解规划、预防贬值风险。写字楼所处的地理位置以及商业配套会影响写字楼的价值。还要考虑市政或其他原因造成的贬值，如果写字楼的周围在未来几年会涌现出很多新楼盘，也会对现有写字楼市场构成冲击。所以，在出手前，要了解未来区域规划。另外，写字楼容易受到宏观经济的影响，投资者要时刻关注房地产政策、金融政策、国民经济状况以及产业结构状况等，尽力保证投资项目在未来的市场上立于不败之地。

（2）目标精准，防止租赁艰难。在投资之前，要对项目周边及目标人群进行深入考察，充分了解目标客户群对区位、面积以及配套设施等方面的需求，根据周边的商圈及配套对所投资的写字楼进行综合分析。从目前市场需求来看，市场比较青睐中小户型面积的项目，因为这种项目投资成本较低，投资见效相对较快。

（3）选对时机，规避不正当竞争。写字楼不同于住宅，开盘并不是投资写字楼的最佳时机，最佳时机应该是项目整体销售率超过 50% 的时候。这时候已经进驻了部分公司，投资者要认真分析进驻公司的档次及投资者所占的比例，如果进驻公司档次较低，加之投资者比例过高，就会直接影响项目在正常使用时的整体形象。不仅如此，当经济出现大萧条时，业主就会竞相压价，在对客户进行争夺的同时一定会影响写字楼的收益。

（4）量体裁衣，谨防压力过大。购买写字楼的资金相对较高，多数投资者为了缓解资金压力都需要贷款。购买写字楼的贷款利率要高于住宅，贷款年限与住宅相比要短，还需要缴纳房产税等各项税费，因此投资者需要具备极高的首付能力和强有力的还款能力。另外，写字楼的变现周期较长，在投资写字楼前要量体裁衣，充分考虑自身的经济能力，以免加大后期的还款压力，造成不必要的损失。

（二）商铺

很多人都听过“一铺养三代”，意思是一个好的商铺可以养活三代人。这个观念在过去确实非常有道理，因为一个好的商铺租金月收入少则几千元，多则数万元。但是，随着互联网对实体店的冲击，人们渐渐发现，商铺已经不再是香饽饽了。要想投资商铺，就要全面客观地了解情况，作出比较理性的判断。

1. 投资商铺的原则

（1）地段。李嘉诚说过，投资房地产成功的秘诀：“地段，地段，还是地段。”商铺的投资价值并不仅仅要看单价、总价，还要注意从地段、周边环境、商业用途等多方面进行权衡。

（2）人气流量。对商铺来说，客流量多和人气旺的位置才有价值，这是商界里亘古不变的定律。传统商业区人气最旺盛，但是由于在规划上存在不足，交通问题突出，而一些新兴的商业中心，购物环境相对宽松，人气也逐渐旺盛起来，相信在不久的将来必定对传统商业区造成巨大的冲击。

（3）找准产业市场。准确的市场定位可以大大提高投资的回报，比如“电脑一条街”“服装一条街”等。在社区投资商铺，需要重点关注三个方面：一看周边商业网点是否稀缺，二看人流量是否大，三看开发商是否善于经营。

（4）找成功运营商。一个商业项目的成功与否，很大程度上是由运营商的运营能力所决定的。成功的市场运营商一般都有行业资源和众多商户跟随，说明市场定位及以后的运营不会出现太大的问题，商铺的价值也会水涨船高。如果没有行业经验，或缺乏行业资源，市场就无法按预期实现正常经营，那么商铺的投资回报周期就会无限延长。

2. 商铺分类及投资策略

商铺投资涉及不同的商业业态，类型多样，投资难度远高于普通住宅投资。不同的商铺类型，就要采取不同的投资策略。

（1）商业街商铺。这种商铺是按照街的形式布置的单层或多层商业房地产，沿街两侧的铺面及商业楼里面的铺位都属于商业街商铺。该类商铺投资风险较高，如果市场不成熟，就很难把握其走势，然而一旦“成气候”，升值就会相对较快，容易错失最佳投资期。投资时，要关注商业街的经营情况，比如，商业街是否有开发机构统一管理，周边是否有大品牌商家入驻等。

（2）社区商铺或底商。这指的是位于住宅社区内的商用铺位，经营对象主要是住宅社区的居民。社区商铺的表现形式主要是1—3层商业楼或建筑底层商铺，有些铺面可以直接对外开门营业。社区商铺对支撑社区居民日常消费的作用较大，虽然小区商铺的投资回报率比不上商业中心的商铺，但回报比较稳定，风险较低，因此要尽量选择相对成熟或已有入住户的规模型项目，选择好具体位置。社区的商铺在售时价格差异不大，但不同位置的租金差别非常大，所以为了提高投资效益，要尽量购买社区主入口附近的商铺单元。

（3）专业市场商铺。这指的是专门进行综合商品批发、零售、经营的商业楼宇的铺位。如果商铺从事的行业在市场有空白点或需求很大，就适合投资。该类型商铺一旦选准，收益较高也较稳，但需要投资者具备足够的专业背景与投资分析能力，知道各专业市场在行业的地位并准确选择具体项目。

（4）商务区商铺。这指的是在商务写字楼内的商用铺，诸如酒吧、裙楼商铺、俱乐部等。这类商铺大小不一，投资价值在很大程度上依赖于周边写字楼的价值。好的写字楼一般办公人群众多，尤其CBD商务区的白领消费能力相对较高，商铺投资价值也较大；如果周边写字楼出租率不高，商铺投资回报周期就会延长。

3. 商铺投资风险

在高回报的商铺投资背后，必然存在相应的风险。例如：投资性住房的年回报率低于商铺，但前者的租金稳定，后者受企业经营、市场竞争等因素的影响，企业定位更加复杂、系统，具有一定的经营风险。近年来，商业区、社区商铺开发量不断上升，空置率也在不断上升，商铺投资的风险越来越受到人们的重视。

（1）经营定位风险。投资商铺，必须评估该投资的商铺所在的商场在商圈中的竞争对手、互补定位和市场差距。商业运营定位是决定商铺投资前景的第一个环节，也是决定商铺抗跌价值的重要因素。投资商铺，不仅要关注店铺的商业位置、价格等表现形式，更要关注商铺的商业形态定位和运营商的运营能力，把握商铺投资的风险。

（2）运营模式风险。在销售商铺时，如果开发商承诺包租、包回购等事项，一般都是为了引进一个大商家，再将商铺分割成“蚂蚁铺”，带上 10 年、15 年租约销售。其实，这种主力店经营的开放式大卖场，投资者在商场内根本找不到自己的铺位。此外，有些商铺采取直销的方式，由于缺乏必要的商业控制权，失去了商场定位和管理权，导致业主分散、管理分散，项目管理失败。

（3）市场管理风险。商业项目以管理为重点，运营商必须建立一支专业的市场管理团队，实施有效的业务推广。很多商业房地产破产很大程度上是由于管理不善造成的。因此，选择商铺投资时，必须关注商场管理团队和管理投入。从某种意义上说，商业收益直接取决于项目经营管理的专业水平。投资商铺，一定要选择信誉良好，且具有统一、强大的经营管理能力的开发商，同时要多了解开发商的信誉，了解他们过去开发项目的业绩和管理能力。

（4）城市规划风险。城市的规划方向，在很大程度上决定着商铺未来的投资潜力。正所谓“政府指向哪儿，财富就流到哪儿”，紧跟政府规划，才能掌握财富命运。当然，在关注规划带来好消息的同时，还要关注规划对商铺的不利影响，比如市场整体搬迁、道路拓宽等，都会对商铺产生负面影响。投资者要提前了解这些信息，及时补救。

（5）商铺质量风险。对商铺本身的质量也要格外关注，比如：关注市场的布局设计，商铺空间的规模、层高、柱网的分布、上排水管道、燃气管道、广告空间等配套设施是否完善，以及消防是否过关等。这些因素都会对今后商铺经营产生各种影响。

（6）未来商业模式对商铺的影响风险。随着互联网、5G、AR 和 VR 的发展普及，再加上裸眼 3D 技术的发展，消费者即使待在家里，也能轻松地试衣服和购物。新技术的普及，改变了消费者的购物场景，会影响传统商业未来的兴衰。如今，网购越来越便捷，商铺需求正在急剧减少，很多旺铺正在失去投资价值。如果供给远大于需求，商铺租金自然就不太容易上涨。当租金受到影响，商铺的价值就会打折扣，资产也会缩水。

六、房产市场未来的趋势动向

房产，是市场经济中的重要组成部分，因此房产是否平稳健康发展对市场经济的发展至关重要。

中国房地产市场从20世纪90年代开始酝酿福利房转向商品房，截至2020年已近30年。经过初期的缓慢发展，到配套政策的不断完善，再到后来房地产市场的突飞猛进，相信在房地产黄金时代之初，能预见未来房价10倍、20倍、30倍增长的人寥寥无几。

不管是否预见，房价已经站在了高山之巅，未来的房地产市场将何去何从？房产投资的未来价值趋势如何？这些应该是每个人都关心的重大课题。至于房地产市场未来走向何方，向左还是向右？仁者见仁，各说纷纭。在这里分享两种论调，即主要通过两个视角来探寻房地产发展未来趋势动向。

（一）市场分化论

最近几年房价上涨过快，房地产泡沫已经成为威胁金融安全的最大“灰犀牛”。

所谓灰犀牛，就是知道其中的风险但不知道何时爆发，指的是大概率且影响巨大的潜在危机。监管层完全认定房地产存在泡沫，既然是灰犀牛，就意味着泡沫破裂是大概率事件。

根据米歇尔·渥克的模型分析，灰犀牛分为五个阶段：否认阶段—得过且过—迟缓回应—恐慌不安—彻底崩溃。显然，中国的房地产市场已经发展到“灰犀牛”的第三阶段——迟缓回应。那么未来房地产市场的道路该怎么走？

通常，最害怕房价下跌的是银行。目前，房屋按揭贷款已经成为银行的主要资产投资方向，对很多企业发放的贷款中也存在房产抵押。另外，银行对政府融资平台直接或间接发放的贷款，比如融资租赁公司、信托、债券等投放到政府融资平台的资金，多数都源于银行资金，而这些贷款的还款来源基本上依靠政府卖地的收入，一旦房价下跌，银行将是最受伤的。银行股的市盈率如此低，就是因为考虑到了这部分的风险。

房价上涨的原因众说纷纭，既有“丈母娘”因素，也有城镇化需求因素，但更多的是货币效应。房产 20 年的涨势虽然极大地推高了房价，但是房地产市场也锁定了大量的超发货币，避免了其他生活用品价格的暴涨，因此通货膨胀更多地体现在了房产的价格上。

商品房早已不再是一件商品，而是金融投资品，跟股票的差异不大。当然，既然是金融产品，就必然受到三个方面的影响：

一是收益率。即租金，这是房产能够产生的价值。

二是资金成本。购买房子需要花费资金，资金就是成本。目前，国内 10 年国债的收益率为 3%，同样的一笔资金用于买房，如果每年的房价上涨幅度不足 3%，投资就不划算。

三是货币供给。货币供给影响着大部分商品的价格，房地产也一样，但是国家对于货币供给的导向是实体行业，房地产受到的眷顾不多。

从这三个方面来看，目前房价泡沫确实不小。既然有泡沫，就说明房价已经有了下跌的空间，否则无法回归其价值本源。

其实，房地产泡沫完全可以化解，方法有两个：一个是在其他商品都上涨的情况下，房地产价格维持不变，让房价和其他商品价格的比值达到正常水平；一个是让房价逐步下跌，回归正常。当然，这两种办法也可以同时使用。

无论如何，房价不能暴跌，否则这只“灰犀牛”就真的要爆发了，所以未来房价的走势非常明朗：不可能会大涨，多数三四线城市房价将会走上缓慢下跌的道路，一二线城市的房价则维持现状。

（二）房产萧条论

自 1998 年中国真正开启房地产市场化改革以来，所有进场者都没有经历真正的地产熊市；过去 20 多年楼市高低起伏，调控不断，其实，所有的回调都是大上升波段中的休整。会不会出现真正的历史性拐点，我们拭目以待。

房地产投资不败，房价永远上涨的神话强化了投资者对房地产的信赖感和财富增值逻辑。一旦这种坚固的信仰被打破，我们的心灵和财富将无处安放。

作为最具拉动性的产业，房地产在中国经济几十年的高速发展中功不可没，一旦失去这个台柱子，又没有新的替代的柱子，中国的经济就会面临众多困难。这也是值得我们深度思考的。

中国老百姓投资渠道非常有限，多数老百姓的财富都捆绑在了房地产上。据权威机构测算，2020 年我国居民财富约为 500 万亿元。而在该资产规模中，房地产规模占 70% 左右，金融资产规模约占 30%。显然，多数人都将自己的身家性命寄托在了房子上。

老百姓加杠杆买房，赌的就是对未来房价升值的预期。未来将是个货币严重超发的时代，房价就是资产膨胀的体现。当时代的灰尘落在房地产头上，所有人都会卷入其中，到时，市场总需求衰减、总供应过剩的结构性矛盾终将

“兑”现。一旦房产的流动性减弱，价格上升空间缩小，房子作为财产标的也就变成了一种纸上富贵，增值难、套现不容易，最终变成名副其实的“不动”产。可是，中国房地产大萧条的来临又是不以人的主观愿望为转移的。

过去20多年来，城镇住房制度改革带来的制度红利促成了10多年的房地产牛市。被福利分房制度压制了数十年的城镇居民住房需求全面觉醒，居民财富在房地产市场上出现井喷式释放。中国房地产乘风破浪，高歌猛进，让参与者不同程度享受到了财富增值、阶层跃迁、人生理想实现的成就感。

当然，这也是中国经济高速发展、国力迅速提升的结果。

富裕阶层的投资性需求是这轮房地产大牛市推波助澜的始作俑者，也是2005年后房价暴涨的主因。投资渠道有限，资产配置需求旺盛，使得房地产的金融属性变得越来越强。2007年中期以后工业企业利润转折向下，2008年为应对国际金融危机实行了超额流动性释放，大量民营资本开始流入非实体经济，房地产需求的结构发生质变——房地产的金融属性变得越强，房价的泡沫成分就越大，房地产离大萧条就越近。

房价既受当期供求影响，更受预期需求与潜供应的影响。从当期看，存量房产供微过于求，这种供过于求仍处在合理均衡的区间，当期供求对房价上涨并无推动作用。但从预期看，房地产潜在供应的弹性低于预期需求的弹性，而预期往往表现为脱离现实的一种情绪判断，因此目前房价决定于预期。

未来的房价预期变化受多种复杂综合因素影响，而真正对未来房价有决定性影响的是人口的变数。当人口变数中多项结构数据都指向预期需求明显下跌的时点时，就是房价预期看跌的时点。随着人口总量的下降，购房总需求不断衰减，房地产走势必然会出现不可逆转的历史性拐点。

下面，通过几个历史事件节点，来研判一下人口因素对未来房价的影响。

2011 年后我国开始进入城镇化减速推进阶段，这意味着城市的绝对新增人口将进入减速阶段；

2012 年我国劳动年龄人口绝对数量第一次下降；

2015 年的我国购房适龄人口（25—49 岁）总量加速下滑；

2016 年后，城镇购房适龄人口数量开始下降，购买需求结构发生了重大改变。虽然这一年房价实现普遍翻番，但依然无法改变渐进性的需求萎缩和结构性购买力不足的状况。

2020 年前后，城镇化的推动力大致结束，国家步入城镇化发展的后期；拉动未来经济增长的城镇化因素，其动力已比较有限；房地产业已开始向夕阳产业滑移。

预计 2030 年左右，我国老龄人口将在 4.5 亿左右；在 2030—2060 年的 30 年间，我国的老龄人口数都将超过 4.5 亿。房地产将步入沉寂长周期。

从上述时点分析，大致可以判断：在 2020 年前后，人口的变动趋势将逐步被居民认识到，房地产需求端将承受人口萎缩的明显压力。因此，2020 年前后是房地产景气预期看跌的显性时点。

随着房地产景气预期的看跌，再加上短期无法逆转的系统性因素对房价预期的影响，居民对购置新增房产的态度将出现重大转变，致使预期需求快速下滑。因此，2020 年前后是中国房地产步入大萧条的触发时点。

日本过去 30 年房地产停滞和中小城镇的衰败，带来日本房地产的大萧条。这个过程就像一个不断螺旋式下降的旋涡，让房地产这趟高速列车缓慢刹车停摆，逐渐失去了流动性和交易量，一步步地将房地产拖进黑洞，最终导致财富大蒸发。

日本房地产现象就是我们的前车之鉴。不管是政府，还是百姓，都不希望房地产市场崩盘。而中国房地产大萧条会以比较温柔的形式出现，整个过程就是一个温水煮青蛙的渐进阶段，时间会拉得很长，对社会的冲击和对老百姓的影响会尽最大可能降到最低。

2020年，很多地方已经出现房价下跌现象，但整体市场还处于胶着状态。今后，房地产市场大萧条距离我们还有多远？我们都要拭目以待！

第七章　股权投资

很多投资人对股权投资的认识就是炒股票，这种认知存在很大的片面性。其实，所谓的炒股是在二级市场的一些投机行为。那么，股票是如何从一级市场进入二级市场的？很多投资人可能并不清楚。

股权投资在一级市场分别有天使投资阶段、风险投资（VC）阶段与私募股权投资（PE）阶段，三个阶段都属于VC，也就是人们常说的风险投资，又叫创业投资。从严格意义上讲，PE原意指的是未在证券交易所公开上市交易的资产，因此人们也经常用PE涵盖天使投资和VC的范畴。

简而言之，这三个阶段是根据被投资项目所处的阶段来划分的，天使投资是种子期，VC是早期/成长期，PE趋向成熟期。不过，三个阶段的区别并不仅仅体现在时间的先后上，还体现在投资者、投资金额、资金来源以及投资者的关注点等之间的差异上。那么，为什么不同阶段的项目需要不同的投资呢？这主要是由项目在不同阶段的特征决定的。

一、种子期——天使投资

天使投资是权益资本投资的一种形式，指高净值自由投资人或机构出资协助具有专门技术或独特概念的原创项目或小型初创企业，进行一次性的前期投资，以便分享企业高成长带来的长期资本增值。

种子期是早期投资，这个阶段需要注意：首先，不能纯粹当生意来做；然后，做早期投资一定要有情怀，如果纯粹是为了赚钱，你可以有很多选择，可以去从事赚快钱的工作。做早期投资就是一种情怀，主要是为了给创业者提供帮助。在创业之初，创业者都需要投资人帮助，因为他们可能缺少管理经验，或者市场渠道不成熟，还可能面临法务风险、股权激励方案等问题，需要他人提供帮助。因此，投资行业发展比较慢，而且多数有钱人甚至还不知道什么是真正的股权投资，不理解早期的股权投资者究竟做什么。很多人只会站在赚钱和做生意的角度，来关注回报率、回报时间、资金的安全性及怎样能够快进快出等问题。

天使投资是一种风险投资形式，创业者们会根据天使投资人的投资数量、对被投资企业可能提供的综合资源进行投资，为初创中的中小企业提供“种子资金”。他们是“笑容可掬”的风险资金，可以帮企业脱离苦海、摆脱“死亡”的危险，因而被人称为“天使”。

天使投资人是企业家的朋友、亲戚或商业伙伴，他们通常都对企业家的能力和创意比较了解，在业务还未开展之前愿意向该企业家投入大笔资金。一笔典型的天使投资在几十万元至两三百万元，是风险资本家随后可能投入资金的零头。

通常，天使投资对回报的期望值并不是很高，只要回报达到 10—20 倍，就能足够吸引他们。这是因为，在决定出手投资时，他们一般都已经在一个行业同时投资 10 个项目，但最终只有一两个项目可能获得成功。而这种方法也是天使投资人分担风险的最好方法。

（一）天使投资的特点

1. 高收益、高风险、低成功率

天使投资的回报率一般应保持在 10—20 倍，少部分也会取得可观的高额回报，这时天使投资人会一直陪着企业成长，直至企业成功实现 IPO（首次公开募股）。调研发现：只有 2.3% 的天使投资项目退出回报在 20 倍以上，多数项目最终都会血本无归，因此天使投资的成功率非常低。

2. 种子期项目关键看人

种子期的项目往往只有一个创意方案和初始团队，方案能否转化为实体企业很不确定，需要经过时间和市场的验证。在此过程中，项目方向和内容随时都可能面临调整。这时候，项目一没有历史，二缺乏连续性，唯一稳定、可供投资者参考的因素就是团队（主要是创始人），因此种子期的投资主要看人。但是，人是极其复杂的，要想对一个人作出判断，就必须深入了解他，主动跟他打交道。

优秀团队的核心是优秀的创始人。创始人能力的第一个要求就是要有产业抱负，仅仅为了赚一点儿钱，就要小心了；第二是带队能力，如果项目只有技术或市场能力，不懂带队，项目也容易失败；第三是情商要高，因为任何企业经营的困难和痛苦最终都会转移到创始人身上，需要创始人自己去扛。此外，还有学习能力、创新能力等，需要对创始人进行多方位综合考量。

当然，投资时，要注意以下几点：

（1）创始人股权平均。一定要记住“三个和尚没水喝”的警示。

（2）过于计较。谈判的时候如果对方斤斤计较，每个条款都跟你谈得非常清楚，就要特别小心了，后面沟通起来可能会非常困难。这种人跟他人打交道通常也非常计较，比如，跟商业合作伙伴、客户等。

（3）抛头露面。如果创始人整天都在外面出席各种社交活动，也要小心。团队的核心人物天天抛头露面，至少说明他的重心不在项目上，而是想借着这个项目扬名，除非他本身就是一个形象大使，公司还有掌舵人在作决策。否则，就要留意这个人。记住，喜欢抛头露面的人，基本上是没时间去搞经营和作决策的。

（4）漫天要价。项目不错，但项目负责人毫无根据地漫天要价，那投资人就可以立刻掉头离开。要价太高，脱离实际情况，项目再好，也会失去投资的价值；同时，这也说明该创始人不成熟。

3. 情感因素对投资决策影响较大

天使投资一般都带有很强的感情色彩，他们不一定是百万富翁或高收入人士，却可能是邻居、家庭成员、朋友、公司伙伴、供货商或任何愿意投资的人。现实中，创业者与天使投资人及天使投资机构的决策人一般都有一定的感情基础，因为有些天使投资人及天使投资机构只愿意跟熟人推荐的创业项目接触。

此外，天使投资人在选择投资标的时，容易受到情感因素的影响。他们与创业者有共同的事业梦想，很多天使投资人本身就是企业家，了解创业者面临的难处。

4. 决策程序简单快捷

天使投资的融资程序一般都异常简单快捷。“天使”一般都是代表自己进行投资的，投资行为带有较强的随意性，即使是天使投资机构，其投资程序也远比其他投资形式更简单。比如，会谈时间灵活、签约时间短等。

5. 投资规模一般较小

天使投资一般只提供“第一轮”的小额投资，额度为几十万元至两三百万元，投资金额较小，且是一次性投入，对企业风险审查不太严格，多半都是基于投资人的主观判断或根据个人的好恶来决定。通常天使投资由一个人投资，具有投资专业户特征。

6. 投资同时可以改善人际关系和管理经验

天使投资是一种参与性投资，也被称为增值型投资。如果是知名天使投资人，还可以提高企业信誉。投资后，天使投资人一般都会参与被投资企业的战略决策和战略设计，为被投资企业提供咨询服务，帮助被投资企业物色管理人员和介绍客户、协助公关、设计退出渠道和组织企业退出等。不同的天使投资人对投资后企业管理的态度不同，有的天使投资人采取“概率”式投资方法，不会参与企业事务。

（二）天使投资类型

1. 资金天使

他们相对缺乏企业经验，只出资，投资额较小，他们每个人投资额为1

万—2.5 万美元。

2. 增值天使

他们具有一定的行业经验，愿意参与被投资企业的运作，相当于共同创业，投资额比较大，为 5 万—25 万美元。

3. 超级天使

他们一般都是具有成功经验的企业家，主要为新企业提供行业资源的支持。这类投资人是行业的佼佼者，有为自己企业布局的意识，投资额相对较大，在 10 万美元以上。

做早期投资的，通常都是有理想的人，做的事情也是他们认为有价值、能够切实为创业者提供帮助的。抱着这种心态，自然就能坚持下去。如果仅仅是为了赚钱和做生意，就需要等待很长时间，这样的人多半都等不起。

现在，天使投资人很多。如果项目确实不错，他们就会提供一些“种子钱”和场地。天使投资人基本上都是成功人士，他们看过的项目太多，只有打动天使投资人，创业或创新才有实现的可能。

天使投资人善于把握风口，敢于借风而起。过去几年，每年都出现过新的风口，比如 2009 年的 UGC 视频，2010 年的 PC 电商，2013 年的“约车大战”，2015 年出现的直播，2017 年的共享单车等。

风往哪里吹，资本就朝哪里投。投资人一般都会努力寻找具备足够创新性的模式，不管是共享单车的起落，还是无人零售的持续升温，这些风口的形成，资本都扮演了重要角色。而且，无论是哪个风口，风投和“天使”都会扶持创业者成为“独角兽”。由此，天使投资人也就成了早期投资的典范。

通过天使投资，创业者不仅可以获取资金，还能获得投资人的智慧和资源。投资人一旦进行投资，就会在其他资源上倾力支持创业者，比如：提供渠道、人力等支持。从另一个角度讲，向众多投资人讲述项目模式，企业还能获得一些有益的建议。如果创业者的创业或方案不太成熟，不被投资人看好，无法融资，也可以重新反思自己的项目是否符合实际，是否具有前景，检验创业项目的价值和可行性。

所以，只要有了一个好的创意、好的方案、好的创新点子，创业者完全可以通过获取天使投资，开启创业之旅。从这个角度来说，天使投资就是让创业者的梦想照进现实，让创业者的创新、创意实现落地。

二、成长期——VC/PE

天使投资是一种来自民间资本的非组织化的创业投资形式，天使投资人并非专业投资人，因此天使投资的门槛较低。而风险投资设置了一定的门槛，即风险投资只重视那些已经做出成绩的企业。当项目经历过种子期的探索、初创期验证阶段，找到一条标准化、商业化的路径后，便会进入成长期。

企业进入成长期后，战略已经基本成形，准备着手投入资金进行实战，此时的投资就称为VC/PE。在大众语境中，Angel/VC/PE三者都可认为是VC，也就是人们常说的风险投资。

VC是企业战略初步成型后用于支撑企业实施战略投资的。PE指投资成熟期项目的基金。PE涵盖了Angel/VC并具有更广的范畴，是通过私募形式对非上市企业进行的权益性投资，在交易实施过程中还会考虑将来的退出机制，即通过上市、并购或管理层回购等方式，出售持股获利。

广义上的PE，会对处于种子期、初创期、发展期、扩展期、成熟期等各时期的企业进行投资。狭义的PE主要指购入已经形成一定规模并产生稳定现金流的成熟企业的私募股权，其中购买基金和夹层资本在资金规模上占较大部分。

对投资者来说，企业战略所隐含的关键性假设已经通过市场有所验证，不仅可以对项目进行理性分析，还能对面临的风险进行相对准确的评估。如此，也就有了机构化投资的基础，即实际出资人可以委托专业投资人进行操作，对投资人实施监督，在投资领域产生委托—代理的关系；另外，企业需要的资金量比较大，由个人投资者投资将很难分散风险，因此投资的机构化也就成了必然。因此，VC 一般都是以基金的方式实行机构化运作的，投资额一般在千万量级。

VC/PE 的运作简单讲就是“募、投、管、退”，也就是“募集资金、投前尽调、投后管理、退出变现”四个阶段。其中“退”指项目进入成熟期后的变现阶段。这部分稍候再介绍，本部分只介绍前三个阶段。

（一）募——募集资金

募集资金阶段解决的通常是“钱从哪儿来”的问题，风险资本来源包括养老基金、保险公司、商业银行、投资银行、大公司、大学捐赠基金、富有的个人及家族等。在融资阶段，最重要的是解决投资者和管理人的权利义务及利益分配问题。

根据《私募投资基金募集行为管理办法》第十五条，私募基金募集应当履行下列程序：

（1）特定对象确定。

（2）投资者适当性匹配。

（3）基金风险揭示。

（4）合格投资者确认。

（5）投资冷静期。

（6）回访确认。

当然，募集资金时，需要关注以下几方面的内容：

1. 募集对象

（1）个人投资者，一般是上市公司的高管、高净值客户等。

（2）机构投资者，有些大集团都会投资股权类基金。

（3）专业投资者（金融机构），包括银行理财产品、保险产品、信托产品、社会保障基金、企业年金、养老基金、慈善基金等社会公益基金。

（4）政府引导基金，要求会比较多，比如在当地投资有一定比例的项目。

2. 募集要求

必须为合格投资者，包括：

（1）个人投资者，净资产不低于 300 万元，或者 3 年的个人年均收入不低于 50 万元。

（2）企业投资者，净资产不低于 1000 万元。无论是个人投资还是机构投资，出资额不能低于 100 万元。

3. 募集基金推介注意事项

（1）私募基金管理人、私募基金销售机构不得向合格投资者之外的单位和个人募集资金，不得通过报刊、电台、电视、互联网等公众传播媒体或者讲座、报告会、分析会和布告、传单、手机短信、微信、博客和电子邮件等方式，向不特定对象宣传推介。

（2）私募基金管理人、私募基金销售机构，不能向投资者承诺投资本金不受损失或者最低收益。

（二）投——投前尽调

投资阶段解决的是“钱往哪儿去”的问题。专业的风险投资机构通过项目初步筛选、签订意向书、尽职调查、谈判、签署正式意向协议等一系列程序，会把风险资本投向那些具有巨大增长潜力的创业企业。

私募股权投资基金的投资流程如图 7–1 所示。

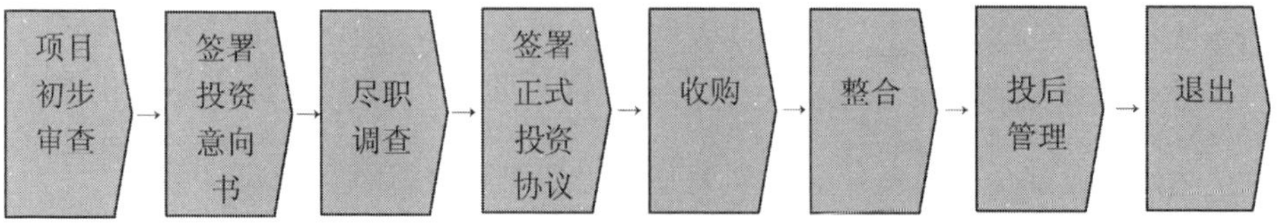

图 7–1　私募股权投资基金的投资流程

1. 项目初步审查

书面初审，主要是审阅商业计划书 / 融资计划书，由分析师或投资经理进行初步筛选。根据项目所处的市场空间、发展阶段、投资金额、地理位置以及组合战略、退出战略等与基金投资标准的融合性，将不感兴趣的项目过滤掉，然后再对剩下的项目作进一步评估。评估内容包括：

（1）企业和管理层的经验与资源是否丰富？

（2）项目概况，比如基本情况、相关批文、证件、产品定位、资金投入与融资要求、生产计划等。重点关注产品或服务的独创性或比较优势。

（3）主要客户群或潜在客户群、营销策略。

（4）项目面临的主要风险，比如市场风险、原材料供应风险、环保风险等。

项目初步审查，首先要看该项目有没有投资价值，如果没有，就不用继续往下看了；其次看机会，看这个项目有没有机会；最后是找风险。如果书面初审认为符合基金投资项目范围，一般都会要求到企业现场调研企业生产经营、运作等状况，印证企业提供的书面信息，同时对被投资企业的管理、经营状况形成感性认识。

2. 签署投资意向书

投资意向书也称为投资条款清单，是表达投资意向和合作条件的备忘录。

包含投资涉及的核心商业条款，具体如下：

（1）资金安排，比如投资总额、投资价格、证券类型、股权分配、分期投资条款等。

（2）投资保护，比如红利支付政策、证券转换约定、反稀释条款、退出条款、表决权、优先购股权、股价调整等。

（3）管理控制与激励，比如董事会安排、投票权、财务报表和报告制度、管理层的肯定性条款和否定性条款以及员工股票期权计划等。

（4）相关费用的承担方式和排他性条款等。

其中，企业估值是投资的核心部分，贯穿项目初审到签署正式投资协议的整个谈判过程。

3. 尽职调查

尽职调查指对目标企业一切与本次投资有关的事项进行现场调查、资料分析，进一步审查项目，主要包括法律调查、财务调查、业务调查和人事调查等。对于能源化工等行业的企业来说，还要着重进行环保方面的尽职调查。

4. 签署正式投资协议

正式的投资协议以投资意向书为基础，具有正式的法律效力。除了商业条款外，还有复杂的法律条款，因此需要律师参与谈判。投资协议必须反映拟采取的投资策略，包括进入策略和退出策略。

（三）管——投后管理

投后管理阶段主要解决的是“价值增值”问题。投后管理是整个股权投资体系中非常重要的环节，风险投资机构主要通过监管和服务实现价值增值。

监管主要包括参与被投资企业董事会、在被投资企业业绩达不到预期目标时更换管理团队成员等；服务主要包括帮助被投资企业完善商业计划、公司治理结构以及帮助被投资企业获得后续融资等。价值增值型的管理是风险投资区别于其他投资的重要方面，这主要包括投后监管和提供增值服务两部分，具体内容如图 7–2 所示。

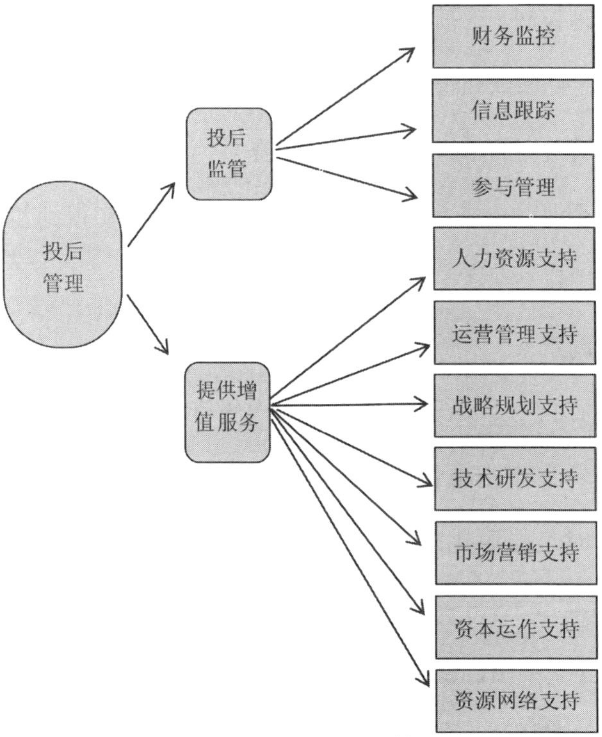

图 7–2　价值增值型的管理

投后部门需要把控的不仅包括基金的运营风险，也涵盖已投企业在经营环境和市场大趋势不断变化情况下周遭各因素带来的不确定性。此时的投后管理，可以降低企业的试错成本，少走弯路，缩短完成初设目标所需完成的周期，或促使企业朝更合适的目标奋进。

三、成熟期——退出变现与资本市场

“募、投、管、退”的“退”，是在投资项目进入成熟期，即变现阶段，解决“收益如何实现”的问题。

风险投资机构主要通过 IPO（首次公开募股）、上市退出、股权转让退出、并购退出、回购退出以及清算退出等几种方式退出所投资的创业企业，实现投资收益。退出完成后，风险投资机构还需要将投资收益分配给提供风险资本的投资者。

（一）退——退出变现

1. IPO 退出

IPO 指被投资企业经营达到一定规模时，向非特定社会公众进行首次公开发行股票的行为。企业上市获得了可在资本市场上融资的途径。

通常来说，IPO 是投资机构最理想的退出方式。对于投资机构来说，IPO 可以将私募股权基金所持有的不可流通的企业股份转变为可以上市流通的股票。

IPO 在股权投资基金退出的渠道中具有很大的优势：

（1）在实践中，IPO 是退出方式中收益较高的。

（2）对于股权投资机构来说，IPO 有助于提高股权投资机构的知名度、市场声誉与社会形象。

（3）企业上市通过直接融资平台进行融资，不会影响企业的管理和运营，有助于保持企业的独立性和管理的连续性。

（4）上市可以为企业长期发展筹集资金保持持续的融资渠道。

（5）IPO 上市前，公司进行的准备和宣传有助于提升市场对企业的投资热情和关注度，为企业继续发展创造条件。

2. 股权转让退出

股权转让是除 IPO 外投资机构实现退出的另一个重要方式。股权转让指投资机构依法将自己的股东权益有偿转让给他人，套现退出。常见的方式有：私下协议转让、在区域股权交易中心公开挂牌转让等。

并购（M&A）和股份回购（Buy-back）也属于股权转让。另外，如果私募股权基金投资的存续期届满，或出于某种原因必须使收益变现，股权投资机构可以将所持股份转让给另一家私募股权投资公司，实现退出。

3. 并购退出

所谓兼并收购，指私募股权投资基金在时机成熟时，将目标企业的股权转让给第三方，确保所投资资金顺利撤出。作为私募股权投资最终资本退出的一个重要方式，其实就是私募股权基金和目标公司管理层认为企业的价值已达到目标预期，把企业作为一种产品推介出去，出售给其他 PE 或另一家公司。

我国的股票市场还不太成熟，存在很多投机性炒作行为，企业公开上市后的股票价格可能远高于其所代表的资产净值。因此，并购只是在股票市场低迷或 IPO 退出受阻时的次位选择。PE 往往更愿意用公开上市的方式退出，实现较高的资本增值。并购如果成为一种主要的退出方式，能够有效缩短退出时间，减少时间成本和机会成本。

数据显示，我国并购退出的回报率近几年一直维持在 5 倍以下，与 IPO 高达10倍以上的退出回报率相比较低。但随着国内资本市场的成熟及未来并购退出渠道的逐步完善，国内PE的并购退出也极可能会成为主流。

并购退出的优势有以下几点：

（1）并购退出更高效，更灵活。相比IPO漫长的排队上市苦等窗口期、严格的财务审查、业绩的持续增长压力，并购退出程序更加简单，不确定因素小，在企业任何发展阶段都能实现，对企业类型、市场规模、资产规模等都没有约束，只要双方经过协商谈判达成一致意见，就能立刻执行并购，迅速实现资本循环，有利于提高基金公司的资本运作效率，减少投资风险。

（2）只要在并购交易完成后退出，就能一次性全部退出，交易价格及退出回报较为明确。IPO退出则要等待1—3年的上市解禁期，即使到了上市解禁期，也要考虑到被投资公司上市后的股价波动，可能要分批次才能全部退出。届时，尚不知道上市公司股价，增加了退出回报的不确定性。

（3）并购退出，能够缓解PE的流动性压力。对于PE机构来说，相对于单个项目的超高回报，整只基金尽快退出清算更具吸引力。因为在基金的众多投资组合中，某个项目的延期退出会影响整只基金的收益率，没有达成与投资者之间的协议承诺，后续基金募集等就会受到重大影响。

通过并购方式退出的弊端主要表现在：

（1）潜在的实力买家数量有限。并购资金量较大，市场上潜在的购买者数量有限，目标企业不容易找到合适的并购者，或者出价可能不具有吸引力。

（2）收益率较IPO低。由于市场变幻莫测甚至信息不对称，迅速退出可能会导致企业价格被低估。

（3）企业管理层可能对并购持反对意见。并购成功后，企业的产权或控制权可能会发生转移，原先的管理层需要让渡一部分权利与利益，他们从自身利益考虑，可能会出现抵制并购的情况，使简单的过程复杂化。

4. 股权回购（Buy-back）退出

回购主要分为管理层收购和股东回购。

股权回购，指创业企业或创业企业的管理层通过现金、票据等有价证券向股权投资机构回购企业股份，使股权投资机构实现退出。企业发展到一定程度，资产规模、产品销路、财务状况都较好，但未达到公开上市要求。管理层看好企业未来的发展潜力，考虑到并购可能带来的丧失企业独立性问题，就可以通过管理层回购私募股权投资基金持有的股权而实现退出。实践中，一般在投资机构签订投资协议时，就会约定关于股权回购的有关条款，回购价格在合同中已经规定好了计算方法。同时，如果股权投资企业认为所投资企业效益欠佳，没有达到预期的收益，也可以根据协议要求管理层回购，实现退出。

回购具有如下优势：企业的投资机构相互熟悉，信息较为对称，在谈判过程中可以节约大量时间和经济成本，而出售的价格也比较公平合理，私募股权机构也能很快退出。

在股权回购协议中，要注意如下几个问题：

（1）注意回购条款设定的合法性，不要被认定为名为“股权投资”，实为“企业借贷”。

（2）充分关注“回购条款”未来的可执行性，防止“股权回购”成为一纸空文，无法有效执行。比如合理设定回购时间、回购股份价格等。

（3）投资公司需要对承担回购义务的主体、公司股东及管理层的回购能力进行评估，并通过合理的交易文件设计保证目标的实现。

5. 破产清算退出

在实际操作中，很多投资项目并不能达到预期收益，或投资机构认为企业失去了发展的可能性或成长速度过慢，回报过低，甚至可能投资项目失败，面临破产。在这种情况下，破产清算也就成了股权项目基金迫不得已的退出方式。

破产清算可以减少继续经营带来的风险和损失，及时止损，保证收回现有的资本余额，尽快发现新的市场机会。但破产清算是股权投资机构投资失败后采取的最后策略，因此股权投资机构需要承担经济损失和声誉伤害。

6. 借壳上市退出

所谓借壳上市，指一些非上市公司收购业绩较差、筹资能力弱化的上市公司，剥离被收购公司资产，注入自己的资产，实现间接上市。机构可以利用自身资源帮助被投资公司寻找合适的“壳”，使其上市后在二级市场套现退出。

相对正在排队等候 IPO 的公司来说，借壳上市的平均时间大大减少。但是，借壳上市也容易产生一些负面问题，比如滋生内幕交易，高价壳资源扰乱估值基础，削弱现有的退市制度等。

风投的过程可能有多轮，就是我们常听到的 A 轮、B 轮、C 轮和 D 轮，每轮可能都有一个领投，多个跟投。这时企业在市场上已经取得了初步成功，占据了一定的市场地位，具备了持续经营的能力，企业面临的问题不再是生存，而是如何更好地发展。因此，融资需求剧增。例如，市场开拓和营销布局、延伸产品及业务线、资源整合和企业并购，以及 IPO 规范上市，进入资本交易市场。

（二）资本市场

投资者投资的股权，并不是进行 IPO 后就完事大吉了，不同的交易市场上市还存在很大的不同。这里，我们来认识一下国内的多层次资本市场。

多层次资本市场，就服务对象和融资规模来说，主要针对处于不同发展阶段、投融资需求各异的企业，在市场准入、交易条件、监管标准等方面提供差异化融资平台。我国的多层次资本市场体系由主板市场（含中小板）、创业板市场、全国中小企业股份转让系统、区域性股权交易市场和天使投资、风险投资、股权众筹等股权投资市场构成。

资本市场的层次结构，指资本市场根据企业在不同发展阶段的融资需求和融资特点，针对各种市场主体不同、特定需求所提供的具有不同内在逻辑次序、不同服务对象和不同内在特点的多层次资本市场，调动民间资本的积极性，将储蓄转化为投资，提升服务实体经济的能力。如此，不仅有利于创新宏观调控机制，提高直接融资比重，防范和化解经济金融风险；还能促进科技创新及新兴产业发展和经济转型。这不仅能促进产业整合，缓解产能过剩；还能满足日益增长的社会财富管理需求，改善民生，促进社会和谐，提高我国经济金融的国际竞争力。

按照不同的标准，资本市场可以分成不同的类别。

按交易产品品种，可以分为股票市场、债券市场、衍生品证券市场、基金市场。

按市场功能，可以分为发行市场和交易市场。

按资本市场的组织形式和交易活动是否集中统一，可以分为场内交易市场和场外交易市场。

按服务和覆盖的上市公司类型，可以分为全球性市场、全国性市场、区域性市场等。

我国常见的股票上市板块主要包括以下几个：

1. 主板市场（一板，包含中小板）

主板市场是一个国家或地区证券发行、上市及交易的主要场所。一般来说，各国主要的证券交易所代表着国内主板市场。主板市场对发行人的营业期限、股本大小、盈利水平、最低市值等方面的要求较高，上市企业多为大型成熟企业，具有较大的资本规模以及稳定的盈利能力。相对创业板市场而言，主板市场是资本市场最重要的组成部分，被称为“宏观经济晴雨表”。上海证券交易所、深圳证券交易所是我国证券市场的主板市场。上海证券交易所于1990年12月19日正式营业，深圳证券交易所于1991年7月3日正式营业。

（1）主板。这是国内资本市场的“大哥”。主板市场集中了目前我国国民经济绝大多数支柱行业的龙头企业，贡献了大部分税收与利润，吸收了大量人员就业，在改革开放的40多年中起到了举足轻重的作用。所以，在中国经济处于靠出口与投资拉动的粗放发展阶段，上述企业是GDP的最大贡献者，也是反映中国经济的“晴雨表”。

（2）中小板。2004年5月于深交所设立，属于“一板”，是主板“大哥”的“亲弟弟”。深交所在2004年6月25日成立“中小企业板”（笔者注：上海交易所没有中小板），主要为主业突出、具有成长性和科技含量的中小企业提供直接融资，专门容纳规模较小的企业。中小板以流通盘子小、成长性强等优势，成为长期投资基金的“香饽饽”；中小板跟主板保持一致，即发行上市条件和信息披露不变。

中共十八届三中全会后，中国经济已经成功地转型为以去过剩产能、调结构、促消费为动力的可持续发展模式，中小板、创业板也就成了中国新兴行业的主流，二者聚集了智能消费、文化产业、机器人、太阳能等朝阳行业，是实现中国梦的希望所在，也是中国未来经济发展方向的代表。近年来，机器人、智能穿戴概念股的表现就是佐证。如果说主板曾经是中国经济发展的“晴雨表”，那么未来中国经济的“晴雨表”就有可能是中小板、创业板，甚至是科创板。

2. 创业板市场（二板）

创业板市场是为具有高成长性的中小企业和高科技企业融资服务的资本市场，于 2009 年 10 月 23 日在深圳证券交易所正式启动。

创业板市场具有前瞻性、高风险、监管要求严格以及明显的高技术产业导向的特点。与主板市场相比，创业板市场上市的企业规模较小，上市条件相对较低，中小企业更容易上市募集发展所需的资金。

创业板的功能主要体现在风险投资机制中的作用（承担风险资本的退出窗口作用）。其主要面向成长型创业企业，重点支持自主创新企业，支持市场前景好、带动能力强、就业机会多的成长型创业企业，特别是新能源、新材料、电子信息、生物医药、环保节能、现代服务等新兴产业。

创业板从 2000 年就开始筹备，2009 年 10 月 30 日 28 家创业新星在深交所创业板登场。10 多年来，其袖珍的股本、丰厚的每股收益、慷慨的分红方案，成为各路炒家的抢手货。但“三高”一直是创业板的心病，即高市盈率、高发行价、高超募资金。

3. 新三板市场（全国中小企业股份转让系统）

新三板是经国务院批准设立的全国性证券交易场所，成立于 2012 年 9 月 20 日，主要为创新型、创业型、成长型中小微企业发展服务（2015 年新三板不再属于场外市场）。境内符合条件的股份公司都能通过主办券商申请在全国中小企业股份转让系统挂牌，采用无纸化公开转让股份，进行股权融资、债券融资、资产重组等，但不包括公开发行股份。股票转让可以采用协议方式、做市方式、竞价方式或其他中国证监会批准的转让方式。

新三板最早发源于北京中关村。之所以叫“新”三板，是因为还存在一个“老”三板，当时主要是承载原STAQ、NET系统挂牌公司和退市企业的公司股权转让。为了拯救老三板里交易冷淡的局面，证监会就决定拉进一些高科技企业，恰好与国家大力扶持高新技术企业的战略不谋而合，于是2006年便在北京中关村科技园区建立了新的股份转让系统，即新三板。新三板主要为一些还没上市的企业提供股权交易平台。挂牌新三板没有任何财务指标要求，新三板的准入门槛非常低，企业也良莠不齐。

为了让新三板真正成为主板市场的重要补充，2012年，国家决定做大新三板市场，把原来中关村这一试点，扩展到北京、上海、天津、武汉4个高科技园区，这就是“新三板扩容”。随着这个市场越做越大，国家便决定让其自立门户，2013年1月“全国中小企业股份转让系统”在北京金融街正式揭牌，作为独立的公司在工商总局注册，负责新三板的运营管理。

2013年12月，新三板迎来了更大规模的扩容。这次彻底打破了地域限制，由4个园区扩展到全国。全国各地的企业，只要符合条件，都可以到新三板上市。

2014年8月，政府推出了做市商制度，允许中间商来大拆小，大大降低了入股新三板的门槛，彻底改变了此前不温不火的交易状况。随着市场量迅速提升，新三板挂牌企业也开始呈指数增长。2014年初，挂牌企业仅356家，2014年一年的时间便增长至1572家。

2015年，随着新三板交易规则的逐步完善，3月18日，三板成指、三板做市两大指数正式发布，标志着新三板市场行情自此有了“风向标”。雪球也越滚越大，仅四个半月的时间，挂牌企业就猛增2411家（截至5月15日）。

2016年，新三板交易规则逐步完善，6月27日，新三板分层方案正式实施，953家企业入围创新层。

4. 科创板市场，也是所谓的四板市场

科创板是上海交易所2019年刚刚开辟的一个板块，主要服务于“符合国家战略、突破关键核心技术、市场认可度高”的科技创新企业。

科创板的设立，降低了上市门槛，补齐了资本市场服务科技创新的短板，推进了科技型、创新型企业的发展，使其得到更多资本的支持，增强了资本市场对实体经济的包容性。简单来说，有了科创板之后，越来越多优秀的科创企业就可以在A股科创板上市，不用再千里迢迢去国外找机会了。

在外资机构眼中，科创板是正在形成的“中国版纳斯达克市场”。例如，在高盛集团亚太区联席总裁兼亚太区证券部主管白瑞德看来，“它是一系列人们期待已久的股市改革的试验场。科创板有很多重要的特点，注册制可以加速市场化的IPO定价，让一些创新型企业有了可施展的舞台，拓宽了企业的融资渠道。这对高科技行业来说，能提升资本配置的效率”。

科创板将先于主板市场实施股份发行注册制。科创板将参照拟实施的股票发行注册制改革有关要求，建立以信息披露为中心的挂牌审核机制。由挂牌企业和中介机构保证信息披露的真实性、准确性和完整性，信息披露审核的重点在于所披露信息的齐备性、一致性和可理解性。

科创板的合格投资者制度，主要包括机构投资者和个人投资者。其中，对个人投资者的要求是有金融资产50万元以上，包括个人投资者的银行存款、投资的股票、理财产品等相加超过50万元。同时，科创板将有上下50%的涨跌幅限制。

那么，什么类型的企业可在科创板挂牌？这些企业是尚未进入成熟期但具有成长潜力，且满足有关规范性要求及具有科技型、创新型特征的中小企业。

科创板、战略新兴板及新三板的定位有何区别？以上三者的共同点是对

企业的利润没有硬性要求。区别在于：科创板面向尚未进入成熟期但具有成长潜力的企业（介于天使轮与A轮融资之间）；战略新兴板面向已经跨越创业阶段进入高速成长阶段、具有一定规模的企业；而新三板企业介于四新板（科技创新专板）与战略新兴板之间。

5. 港交所

香港交易所是中国对外开放的唯一一家大型交易所集团，连接着中国和全球的资本市场，机制灵活，具有一定的垄断优势，将长期受益于中国资本市场的发展及逐步的对外开放，成长性充足。

港交所经历过的趋势性行情都与中国内地有关，大量来自中国内地的企业赴港上市，将港交所的交易量逐渐推至一定的量级。2014年沪港通正式开通，港交所作为交易桥梁的角色开始显现。在互联互通的机制下，港交所正受益于国内资本市场的快速发展，其未来的热点还将包括债券通和新股通等。

同时，在中国资本市场逐步对外开放的过程中，海外投资者对于相关衍生品的需求将大幅提升，需要一个灵活便捷的交易中心来交易衍生品以对冲风险，而此交易中心非中国香港莫属。

港股交易规则如下：

（1）交易日和时间。港股交易时间为周一至周五，早市10:00—12:30，午市14:30—16:00，股票期货交易则开市和收市分别提前和推后15分钟。香港公共假期和内地不同，这也造成了两地休市时间的不同。此外，遇到恶劣天气，如台风季节天文台悬挂八号风球时，交易所也会临时休市。

具体操作时间如下：

竞价时段：9:00—9:30，可以用竞价盘、竞价限价盘等方式进行交易。

早市交易时段：9:30—12:00。

延续早市交易时段：12:00—13:00。早市收市后，在此时段内也可进行交易，但会在午市开市后成交。

午后（下午）交易时段：13:00—16:00。

港股通的交易日期：仅在沪港两地均为交易日且能够满足结算安排时开通。注意：两个条件需要同时满足。举个例子：国庆节期间，内地放假，A股不交易，虽然港股可以交易，但港股通不能交易。

（2）交易制度。T+0回转交易制度：当天买入的股份当天可以卖出。

T+2交收制度：股票和资金的交收时间为交易日之后的第二个工作日下午3:45前。

（3）港股可以卖空。港股可以卖空，但根据香港联交所规定，只有被列为“可进行卖空的指定证券”，投资者才能进行沽空。认股权证及债券，不被列入沽空名单之内。

（4）交易费用。港股的交易成本比A股高出很多，主要费用清单如下：

股票印花税0.1%：买卖双方。

佣金一般为0.2%—0.3%：招行香港最低每笔50港元。买卖双方最低每笔交易100港元。

交易征费0.004%：买卖双方。

交易费0.005%：买卖双方。

交易系统使用费0.5港元：买卖双方。

过户费用每宗2.5港元：买方支付。

印花税每宗2港元：卖方支付。

港交所可能调整相关的费用规定，投资者如果想详细了解，可以登录港交所网站查阅相关资料。除此之外，经纪商代投资者收取现金股息或红利，代收、配股、公开认购、以股代息等股份，代理股份分拆合并等，都要收取一定的费用。总体上收费比 A 股多，对于频繁的日内交易、数额较小的投资者来说，不划算。

（5）没有涨跌停限制。与 A 股有 ±10% 涨跌停的限制相比，港股没有涨跌停限制，且港股的波动性比 A 股大。

（6）港股的交易数量可以由上市公司自己确定。比如港股上市公司可以自行确定一手为 50 股或 200 股，不同于 A 股均为 100 股一手。

港股的分类：

（1）蓝筹股（Blue Chip）。指恒生指数成分股。这类股份具有行业代表性强、流通量高、财务状况良好、盈利稳定及派息固定等特点。蓝筹股的固定数目是 43 只。这类个股的盈利能力强，大多属于基金偏爱个股（基金长期持有或加码买入的股票），较少受到人为因素的影响，股价相对稳定，适合作中长线投资。

（2）红筹股。香港和国际投资者把在境外注册、在香港上市的那些带有中国内地概念的股票称为红筹股（红色中国）。

（3）国企股。那些获中国证监会批核到香港上市的中国内地的国有企业，也可称为 H 股，意指在香港上市的国企股。在内地还有称为 N 股及 S 股的，是分别在美国纽约及新加坡上市的国企的简称。

港股通入场门槛：

目前，参与港股通投资的仅限于国内机构与个人，对于机构投资者基本全面放开，对于个人投资者仍保留 50 万元投资门槛（与科创板一致）。而与陆股通类似，港股通在投资标的范围方面也存在较为严格的限制，其中公司股票流动性是入选港股通标的池最核心的标准。

就目前来说，港股通标的包括恒生综大型指数成分股、恒生综中型指数成分股、恒生综小型指数成分股（须满足市值 50 亿元以上）以及 A+H 股上市公司在联交所上市的包括 H 股在内的总计约 620 只股票。

资本市场不仅是价值资产和财产权利交换的场所，也是风险直接交换的场所。二级市场的一大作用就是聚集散户闲散资金，让公司上市前的风投资金套现；套现后的资金继续投入风投看好的未上市企业，促进经济发展及科技进步。

其实，二级资本市场对散户是不友好和不公平的。二级市场是风险交换的场所，也可以理解为风险转移的场所，是把企业上市前融资的风险投资资金或后续定增资金风险转移给二级市场的玩家，每个散户都分担一点风险，将风险化整为零。在这种情况下，散户只要在任何一只股票上割肉亏损，就不自觉地承担了一部分风险。

二级市场的投资者被当韭菜收割是常有的事，虽然不心甘情愿，但也要愿赌服输。因为这就是金融股市的游戏规则：既能促进社会经济的发展，又能将风险化整为零分摊到大部分人都能承受的范围内。

每个人都渴望在二级市场赚到钱，甚至一夜暴富，资金越少的人越希望获得更多的超额收益，就越容易陷入短线搏杀。多数人都觉得自己是高手，都想躲过每次风险，于是频繁交易，最终多数都会追涨杀跌。

二级市场不是一个赌场，更像一个修炼场，能在欲望横流的市场中忍得住，能在市场喧嚣的环境中耐得住；在市场恐慌时寻求机会，在市场狂热时离场观望……洞悉人性，逆势思考。二级市场就是这么神奇，每天都有人在这里沉沦，也有人在这里成就传奇。

第八章　稳健的基金投资

对普通中小投资者来说，由于受可支配资产总量的限制，因此稳健投资是他们的核心投资理念。股票的高风险、债券的爆雷增加不确定性，反而凸显了基金的优势。尤其是组合基金投资，分散风险，把资金按不同的比例分别投资于不同期限、不同种类的有价证券，把风险降到了最低。

要想稳健投资，就要认真了解一下基金的投资方式。

一、认识基金

何谓基金？把零散投资人的钱聚在一起，形成一个资金池，就是基金。然后，请有经验的人来对这笔钱进行管理，通过证券投资帮投资者赚钱。

何谓基金经理？就是帮我们去证券市场投资的人。既然是让别人帮你赚钱，基金经理的赚钱能力就显得异常重要了。所以，在选择基金的时候，首先就要认真了解基金经理的情况。那么，怎么了解呢？可以通过证券账户或天天基金网查询，只要输入你要查询的基金代码或名称，点击“基金经理”一栏，就能详细了解基金经理的情况。

那么，怎么判断基金经理是不是靠谱呢？

首先，要看该基金经理管理这只基金多久了。管理的时间越长，就越能了解这只基金的稳定性。

其次，看这只基金“活”得好不好。如果平均是同类的1—2倍，就说明基金经理的赚钱能力相当不错！

最后，看基金经理的专注度。一个人的精力是有限的。如果一个人同时管理多只基金，怎么有精力对每只基金的投资方向都进行深入研究？管理基金数量少而专注的基金经理，也是一个重要的判断维度。

（一）收费

基金经理可以帮我们管钱赚钱，但要收管理费。基金收费大致包括两个部分，具体如下：

申购费率：存量基金的申购费率一般是1.5%，新发基金申购费率一般为1.2%。

管理费率：1.5%/年，按日从基金净值中扣除。

（二）基金的分类

基金主要分为四种：股票型基金、债券型基金、货币型基金、混合基金。具体内容如图8-1所示。

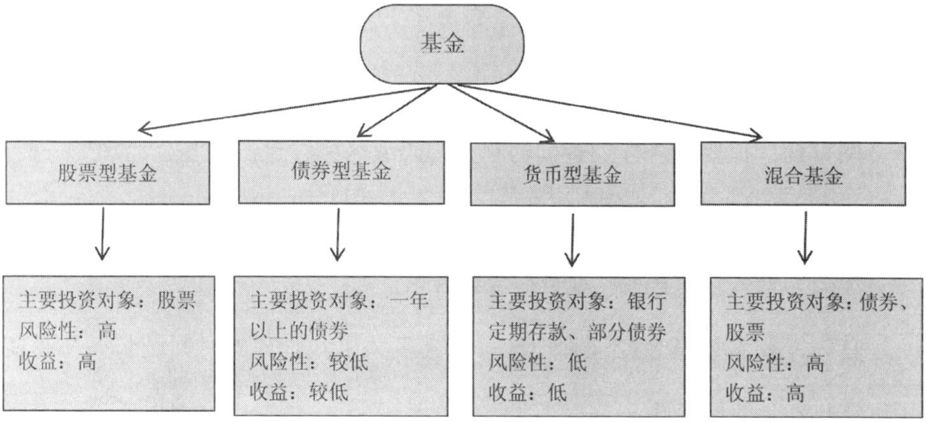

图8-1　基金的主要分类

具体分析如下：

股票型基金。基金经理买的全部是股票，风险和收益都很高。

债券型基金。基金经理买的全部都是债券，风险和收益都适中。

货币型基金。基金经理买的都是大额存单之类的无风险资产，风险和收益都比较低。

混合基金。基金经理什么都买，风险与收益完全取决于基金经理的操作水平。

二、指数基金

（一）指数基金的特点

不是凭借基金经理的个人水平选择股票，而是以特定指数为参考，并将该指数下的股票作为投资对象。比如沪深300就是一个指数，代指上海证券交易所和深圳证券交易所里面比较有代表性的300只股票。该指数反映了股票市场的整体表现。指数基金名字中包含了很多有用的信息，能够帮投资者尽快了解基金的状况。一般来说，基金都会按照“公司名称+投资方向”或“基金特点+基金类型”的逻辑去命名。

（二）指数基金的分类

指数基金分为行业指数基金和宽基指数基金两种。

1. 行业指数基金

包括消费指数、医药指数、白酒指数、证券指数、银行指数、地产指数等。行业指数基金买的是某一细分行业的股票，其走势具有很强的周期性。比如消费指数，一般和人们的生活息息相关，不管经济如何发展，人总要吃喝拉撒，因此多年来消费行业经久不衰。虽然中间可能有波动，但是整体发展趋势是向上的。

2. 宽基指数基金

我们经常听到的沪深 300、中证 500、创业板指数、上证 50 等，它们代表的就是一个宽基指数，然后以它们中的股票为购买对象的基金就是宽基指数基金。宽基指数基金买的一般是规模比较大的股票，综合性很强，某种程度上来说，它们代表了社会经济的发展趋势。

（三）指数基金的优势

购买指数基金比起直接买卖股票优势还是比较明显。因为购买一只股票对应的是一个公司，个人的资金通过这只股票流入市场，个人的收益完全取决于该公司的发展，抗风险能力偏弱。而公司的发展跟很多因素有关，比如国际环境、国内政策、公司内部策略等，这些因素的偶然性和不确定性都非常高，这就是为什么股票的风险远高于基金的原因。指数基金则完全不同。指数基金买的是整个市场的发展趋势，只要觉得国家的经济形势向好，市场经济就繁荣发展，这就是指数基金稳定收益的理论保障。

三、基金定投

买指数基金，不一定稳赚不赔。指数基金是一个非常好的投资产品，但如果把它当作股票那样进行频繁的低买高卖，追求短期利益，那就很难达到预期回报了。要先把赚钱概率变大，就要选择基金定投的方式。

（一）基金定投的定义

所谓基金定投，就是定期拿钱买某个具备理财属性的资产。

“定”指定期，可以是每个周末、每个月、每个季度，也可以是每年。通常我们讲的定期是指每个月，但具体是这个月的哪一天，则因人而异，一般建议月初、月中或月末。而“投”指投资，买的一定是某个资产。

（二）基金定投的好处

1. 强制储蓄

定投最大的好处就是能够强迫你每个月存下一笔钱。

2. 不用考虑入场时机

赚钱的本质是低买高卖，但很多人并不知道市场的顶部和底部究竟在哪里。定投的好处在于不用知道顶部和底部在哪里，只要按照计划在规定时间“无脑”买入，并在达到预定的收益率的时候卖出即可。

3. 复利效果

定投还会造成复利效果，使本金和收益持续滚动，继而带来可观的收益率。

4. 平摊风险

市场存在波动性，购买任何理财产品也一样。相比于一次性投资，定投能够让我们的资金缓慢进入市场，使风险曲线更加趋于平滑。

（三）指数基金 + 基金定投 = 稳赚不赔

指数基金 + 基金定投，为什么可以稳赚不赔？其实，原理很简单。经济的发展都要经历复苏、繁荣、衰退、萧条四个阶段的循环波动。但从整体来看，其发展趋势就如指数基金趋势中那条上升的斜线。

指数基金背后的那些股票，本质上对应的是各领域企业的发展状况，只要国家的发展还处在上升期，指数基金的价值就会保持稳步提升。

如果不追求绝对收益，如只要达到 10%—15% 的收益，就可以忽视任何经济周期波动持续买入；如果追求高收益，想要达到 15%—30% 的收益率，就可以在萧条期和复苏期买入，在繁荣期和衰退期逐步卖出。

四、养老目标基金

（一）养老目标基金定义

养老目标基金指以追求养老资产的长期稳健增值为目的的基金。从本质上来说，养老目标基金就是基金中专门投资于“一篮子”的基金，可以优化资产配置，减小投资风险。

（二）养老目标基金分类

按不同的投资策略，养老目标基金的类型也有所不同，如表 8-1 所示。

表 8-1　养老目标基金的分类

	目标日期基金（TDF）	目标风险基金（TRF）
特点	省心的一站式养老解决方案	有清晰、明确的风险等级
风险	随着目标日期临近，风险逐渐降低	风险固定不变
挑选方式	按照投资者的退休时间挑选	根据投资者的风险偏好挑选
适合人群	适合没时间打理资产的“繁忙族”以及没有投资经验的“小白”	适合了解自己风险偏好、投资经验丰富的“老司机”

此外，二者差别在于：

一是目标日期基金的名称里通常都会带一个退休年份，比如“某养老目标日期 2040 基金”，适合在 2038 年至 2042 年退休的人群。其主要特点在于：基金风险和预期收益都会随时间的推移而逐渐降低，适合“一站式”懒人投资。

二是目标风险基金，是假定投资者已经清晰了解自身的风险承受能力，风险级别一般设为“低”“中”两档。

据市场预估，养老目标基金的年复合收益率在6%—10%。另外，养老基金还可能会有更多的政策利好。市场普遍预计未来国家会推出针对养老目标基金的个税优惠政策，每月可以抵扣一定的税前收入。

（三）养老目标基金和商业养老保险产品的区别

1. 从国外经验看

养老型公募基金是个人养老产品的主力。公募基金透明度高，监管严格，投资研究能力强，这是其强于保险产品的地方。但保险相关产品已运作多年，在认知度和成熟度上有优势。

2. 从风险分散程度看

商业养老保险可以配置流动性资产、固定收益类资产、权益类资产、不动产类资产和其他金融资产五大类资产。对于某一大类资产的具体投资，并没有太多的要求。商业养老保险可能会过多配置某一种资产，面临的结构性风险可能会比较大，风险相对集中。养老目标基金采取的是基金中的基金（FOF）的形式，以基金为投资标的，通过精选配置“一篮子”基金进一步分散了风险。因此，养老目标基金的结构性风险更小，整体风险更为分散。

3. 从信息透明度看

商业养老保险不会对外公开资金的具体投向，也没有建立业绩及投资信息定期公布机制，整体透明度较低。养老目标基金则明确规定了权益风险的投资比例。原则上，高风险产品投资权益资产比例不得超过 80%，中等风险产品投资权益资产比例不得超过 60%，低风险产品投资权益资产比例不得超过 30%，透明度较高。此外，养老目标基金采用的是公募基金的基本构架，有着一整套的信息披露机制，投资理念、投资目标、投资策略、资产配置、运作情况等信息都可以在基金管理人网站或基金定期报告中查到，相较于商业养老保险整体透明度更高。

4. 从投资经理（基金经理）的业绩情况看

除了税延养老保险的 C 类产品以外，其他商业养老保险的投资经理都不对外公布职业发展与产品业绩（包括风险与收益）等历史信息，这就不利于投资者精确把握投资风险状况和收益。所有养老目标基金的基金经理的职业发展和过往业绩，投资者都可以在公开信息平台上查到，如基金管理人的官网或第三方销售平台。投资者可以通过公开信息对养老目标基金的风险收益状况作出较为准确的把握，更有利于投资者作出投资决策。

5. 从投资者资格要求看

商业养老保险对投资者有年龄限制，一般超过 65 周岁就不能购买此类产品。对于 65 周岁以下的老年人，虽然原则上还可以办理商业养老保险，但过了 50 岁购买就需要缴纳很高的费率，而且保险公司会设置很多的限制条件，如超过 50 岁的人投保需接受严格的体检等。养老目标基金对投资者资格没有过多的限制，只要是年满 18 周岁的合格投资者都可以投资养老目标基金。对于年龄稍长的投资者，基金销售机构会根据他们的年龄、退休日期、收入等情况推荐适合的养老产品，但在费率方面与其他年龄的投资者并无差别。

6. 从购买和支取方式看

当前商业养老保险资金投入方面，投资者只能选择一次性趸交，即如 3

年、5 年、10 年、20 年等年数的年交方式，或者按月缴费的月缴方式，资金的投入频率是固定的；在支取方式上商业养老保险基本上也是采取固定日期的按月领取或者按年领取等合同规定的模式。养老目标基金一般都是开放购买的，投资者可以根据自己的情况自主决定申购的金额和频率。在支取方式上，目前目标养老基金虽然有封闭持有期（1 年或 3 年），但是只要过了投资者的 1 年或者 3 年持有期，随时可以赎回，更为灵活。

综上所述，养老目标基金和商业养老保险产品各有其特点，投资者进行养老投资选择时，需结合自己的实际情况，充分了解产品的风险收益状况后再作决定。

（四）养老目标基金的投资策略

假设你现在 30 岁，60 岁退休，退休后再活 30 年。现在每月的生活开销是 3000 元，每年物价上涨按 3% 计算。

等你退休后，每月生活费 =3000 × (1+3%) × 30=7282（元）

退休后再生活 30 年的生活费用总和 =7282 × 30 × 12=2621520（元）

知道了退休后需要多少养老金（2621520 元）、定投多少年（30 年），以及预计年复合收益率（9%），就可以通过年金公式来大概推算出每月定投多少金额了。

年金公式是：PV=FV × i/［(1+i) × n−1］

把数字代进去计算：PV=2621520 × 0.09 ÷［(1+0.09) × 30−1］=19232（元）。也就是，每月定投 19232 ÷ 12=1603（元）即可。

只要掌握这个公式，就可以算出你当下每月需要定投多少钱。

（五）投资养老目标基金的理念

一是长期持有、长期投资、长期考核。长期投资是养老基金投资的核心特征，养老基金投资是一场没有终点的马拉松比赛，靠长期稳健的投资，来获得比较好的投资回报。

二是充分考虑自身年龄、预期寿命、风险承受能力等特征，选择适合自己的产品。

三是坚持定投，聚沙成塔，积少成多。养老金储备是一个长期的过程，比较好的方式是像每月缴纳社保一样，定期预留出一部分养老钱，用于长期投资。

赚钱只是投资的目标，而不是目的，那么投资真正的目的是什么？是为了提高生活品质，少有所教，老有所养，尤其是在晚年能过上既体面又幸福的退休生活，做真正的人生赢家！

要想实现这个目标，就要对家庭财富作全面、正确的规划，首先要对自己的资产进行全面的盘点，做到胸中有数，才能在此基础上对资产进行全方位的安排和计划，进而才能有的放矢地制订相应的优化且全面的规划，实现真正的家庭财富管理。而做好养老金账户的充分准备，对退休规划至关重要。

第九章　一生的财富规划

人的一生有许多中短期目标，例如买房结婚、子女教育、子女置业或创业、退休养老、财富传承等。与各阶段的人生目标紧密相关的是各阶段的投资理财目标。生命周期犹如四季轮替，家庭的形成、成长、成熟，好似春播、夏种、秋收、冬藏。成长阶段不同，财富规划重点自然也就不同。

一、家庭财务规划

钱，不能盲目地存。银行账户里的利息率还赶不上通货膨胀率。因此有策略性地投资是每个人都要学会的课题。

现实中，可以用以下三种方式来进行资产的规划分配。

（一）短期紧急备用金

所谓短期紧急备用金，就是半年到两年内可能随时要用的财务流通资金。一旦遇到重大突发事件，能立刻使用，其中更要细分预备出一份3—6个月的家用资金。问问自己：如果今天突然失业，你的存款能否支撑后面半年内的所有开销？房贷、房屋保险、汽车保险、车贷、水电账单、餐费……遇到意外，需要医疗费用，又得加上多少资金？

（二）中期规划资金

这主要规划的是2—10年要用到的钱，比如，购屋存款、换车存款、孩子的教育资金等。该阶段的财务规划重点是回报较大的投资，例如基金、股票、房产和人寿保险等。依据家庭的不同需求，可寻求专业理财分析师来量身制订规划。

（三）长期规划资金

10年以上的长期规划可以看作退休规划，主要目标是获取稳定的投资收益，可采取低风险的投资策略。多数投资人都有短线投资心态，但长期规划下所做的投资是抱着能走得长远的想法，不受短时间大涨大跌的影响。例如新冠肺炎疫情期间，股市上下震荡，有人也可能“误入歧途”，挪用长期资金去炒短线股，但后果可能不太理想。

二、子女教育规划

“缺什么不能缺了教育”，不管我们是健康还是贫穷，都要把子女教育规划作为重点考虑的事情，因为这关乎子女的一生。

子女教育金是一笔刚性支出，无论收入高低，父母都要有所准备。很多年轻父母喜欢将钱转入支付宝，但灵活的另一面就是消费的随意性，今天网购，明天旅游，后天换车，如不加节制，子女的教育金规划也就成了空想。

（一）子女教育金基本规划原则

1. 及早准备

学费的成长率可能高于收入成长率，届时的负担可能会比现在的负担还要高，不预先准备，庞大的教育金足以拖垮一个辛苦工作的双薪家庭。如果还想让子女出国留学，则要花费更多，如不提早规划，根本不可能实现。

2. 从宽规划

父母的期望与子女的兴趣能力可能有差距。在小学和初中阶段，子女性格和发展方向还没有完全确定，应该从较宽松的角度准备教育金以应付未来子女不同的选择。在留学深造方面，更应与子女沟通，询问子女是否愿意工作几年后再计划出国留学，一方面以社会历练确定自己深造的意愿；另一方面自筹部分出国深造经费，减轻父母的负担。

教育金从宽准备，多余的部分可留作自己的退休准备金。如果子女争气考上离家近的公立大学或争取到奖学金，或子女独立性较强，通过在寒暑假打工赚取学费，那么已准备的教育金就可以当作自己未来的退休准备金，以降低退休后对子女的依赖程度。因为对一般小康家庭来说，退休金与子女教育金规划很难兼顾。

当然，在求学阶段完全依赖父母资助的子女也应有感恩反哺之心。父母的资助可能使自筹退休金的部分降低，尤其是父母对子女留学深造方面的资助。应把这部分资助当作向父母借贷的助学金，在完成深造踏入社会工作后，分期还给父母。

3. 稳健投资

一般来说，教育金的投资收益率必须要高于学费成长率。学费成长率较高，学费需要的时间与金额又相对固定，因此不能冒太大风险，但也需要承担部分风险。教育资金的投资报酬率以 5%—8% 较为合适，在进行教育金投资时，需特别小心，建议以投资平衡式基金为主。

4. 合理安排

支付子女教育金阶段与准备自己退休金的黄金时期高度重叠，要避免投入子女教育金时忽略了自己的退休金。有些父母为了送子女出国念书，耗费的资源更多，没有为自己留下足够的退休金。如果父母未在子女较小时就开始以 10 年以上的时间来准备教育金，届时可能会不忍看着有上进心的子女因经费问题无法去深造而不得不为筹学费四处借贷，这时就可能动用原来为自己晚年所准备的退休金。

有远见的父母，不妨以子女的名义，在其年幼时在银行开户做定期定额投资储蓄，由父母的账户拨款开始积累教育基金。在子女准备上学时就先把经费筹足，才不会动用以后为自己累积退休金的目标储蓄额。

（二）子女教育金投资工具

1. 银行储蓄

银行储蓄是非常安全的一种存储教育金的方法，操作简单，所以不少家长会定期往银行里存钱，作为孩子的教育金。当今时代，无论是活期存款还是定期存款，产生的利益远远比不上这个时代飞涨的物价，用银行储蓄作为孩子教育金规划工具，比较适合收入稳定且高的家庭。如此，不仅能保障家长定期往银行里存钱，所存的钱也能满足孩子上学所需。因为随着物价的上涨，如果家长所存的金额不够多，在未来很有可能会出现存款与孩子的教育金相差一大截的情况。

2. 教育金保险

教育金保险是一种以为孩子准备教育基金为目的的保险产品，不仅是为孩子提供教育金，还能为孩子提供一些人身保障。而它的保障功能是银行存款所不具有的一个独特优势，很多购买教育金保险的父母正是看到了教育金保险的这一优点而选择了它。

购买教育金保险，不需要家长的收入有多高，只需要家长的收入稳定即可。因为购买教育金保险后，需要每年按照约定缴纳保费。只有收入稳定，才能保证及时缴纳。

3. 基金定投

基金定投是一个筹集子女经费比较合适的工具。相较于其他投资方式，基金定投主要有以下几个优点：定期投资，积少成多；不用考虑投资时点；平均投资，分散风险；自动扣款，手续简便；投资稳健，安全性高。

据相关数据显示，基金定投投资周期越长，亏损的可能性就越小，定投投资超过 10 年，亏损的概率接近于零。但是，如果投资者对未来的财务缺乏规划，尤其是对未来的现金需求估计不足，一旦市场低迷现金流出现紧张，很可能就会被迫中断基金定投而遭受损失。因此，要根据子女的教育金使用情况来作一个具体规划，确保子女拥有足够的教育金。

教育金的筹备是一个日积月累的过程，父母为子女选择教育金规划工具时，要结合家庭条件制订合适的教育金计划。为了能够实现家庭的理性投资，保证子女教育金的安全，对于那些收益性较高的产品父母应慎重对待。无论是银行储蓄、教育金保险，还是其他教育理财产品，都各具特色、各有优劣，因此选择的时候要注意形成组合，优势互补。

三、养老规划

所有人都逃不了的一个长期理财目标，就是退休养老规划。现在积攒的每一分钱，名下的每一套房产，证券账户里的每一只股票、每一份基金，从根本上看，都是为了这个终极目标准备的。

退休以后，就不能再靠自己的劳动能力赚钱了，如果身体硬朗、技能过硬，还能再兼职赚点外快。但到了70岁以后，这样的机会就会越来越少，因为用人单位都不敢用高龄老人，怕出现意外。

再者，如果退休后，我们能够长寿，能活到八九十岁甚至更高的年龄，那么做好养老规划就显得更加重要。因为唯有如此，我们才能做到老有所依、老有所养。

（一）养老规划的特点

1. 人生必需的规划，刚性较强

养老规划是一个刚性较强的财务规划。所谓刚性强，第一表现为在人生特定的阶段必须有该现金流（正常情况下我们应该有退休金），第二表现为这笔现金流至少可以满足生活基本支出，即消费能力不下降。

养老是一件非常确定的事情。将一件确定的事情建立在不确定的风险较高的产品体系之上，需要很大的魄力和勇气。当然，风险喜好型投资者可能不这么认为，但还是建议基础养老金及优质养老金规划，最好采用相对安全、收益适度的产品。

2. 老年阶段的不确定性

人的寿命虽然可以根据健康状况或家族长寿史进行预测，但我们很难精确地预估出究竟需要准备多少钱才足够养老。老年阶段不像人生的前几个阶段，不管怎么分，都知道它的长度是多少，小学是6年，初中是3年，高中是3年，老年阶段却是不确定的。有的人在步入老年后可以从60岁活到110多岁，有的则过了61岁以后不久就走了。因此，选择合适的养老金金融投资工具，才能有效保障养老金的数额与生命等长。

3. 跨生命周期

养老规划往往跨越人生不同的阶段。在不同的阶段个体的风险承受能力也会发生变化。一般情况下，年纪越轻，承受风险的能力越强，越输得起；年纪越大，风险承受能力越弱。随着年龄的递增，个人打理财富的能力往往会逐渐减弱。因此，必须选择合适的养老金金融投资工具或方案。

4. 退休时点与经济周期

任何经济体都是有周期的，自己退休时金融投资账户能否正好处于经济周期波峰？如若处于波谷地带，是否为自己准备了充足的养老金？为了保证养老金的安全稳定，如果已经选择了养老金金融投资工具或方案，就不能因为外部经济环境的变化而随意改变。

（二）养老规划基本保障——社保

社保主要包括医疗保险、生育保险、养老保险、失业保险和工伤保险，如图9-1所示。

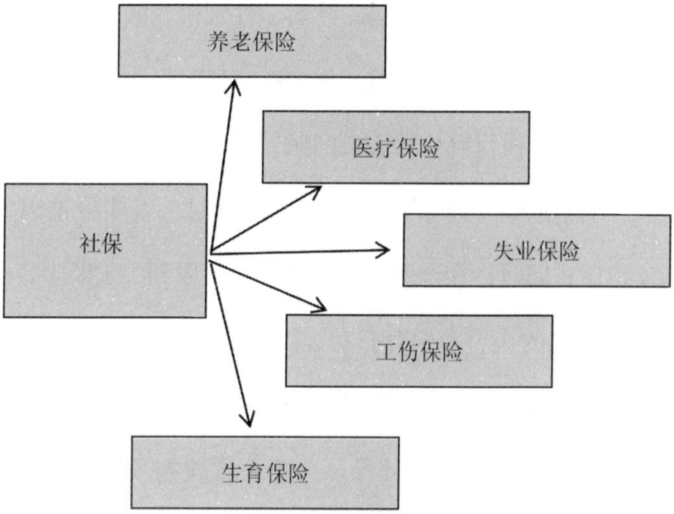

图 9-1　社保主要内容

1. 交纳社保的好处

各险种都有自己的存在价值，其中最重要的是医疗保险和养老保险。购买了医疗保险，生病时，就能报销一定比例的费用；购买了养老保险，当自己老了或退休后，就能领到一定额度的养老金。灵活就业人员虽然没有强制缴纳社保，但是交纳社保的好处有很多，具体如下。

（1）提供养老保障。养老保险遵循的是“多缴多得”的原则，缴费基数越高、年限越长，退休时领取的养老金就越多。社保，一般由单位和职工共同交纳，交得越多，达到退休年龄后领得也就越多。养老金有一个交纳基础年限，即只要交满 15 年，便可以领取。

（2）提供医疗保障。购买了社保，生病时，就能报销一定的医疗费用；同时，只要交满一定的年限，就能终身享受医疗保险的待遇。通常，报销比例可以达到 70%—80%，有利于减轻大家看病时的经济负担。交纳医疗保险之后，就能得到一张医保卡。该卡是医疗保险个人账户专用卡，以个人身份证为识别码，储存记载着个人身份证号码、姓名、性别以及账户基金的拨付、消费情况等资料信息。交纳医疗保险之后，地方医疗保险事业部门会在月底将个人账户基金部分委托银行拨付到参保人员的医保卡上。

（3）提供生育保障。购买了社保，女性生育时，就能报销因生育而产生的一系列医疗费用；同时，在产假期间，还可以领取到一定的生育津贴。生育保险制度的设立，目的在于为生育妇女提供生育津贴、医疗服务和产假待遇，不仅保障了她们的身体健康，还为婴儿的哺育和成长创造了良好条件。

（4）提供失业保障。购买了社保，失业人员就能领取一份赔偿金，满足失业期间的基本生活需要。国家通过立法强制实行，由社会集中建立基金，对因失业而暂时中断生活来源的劳动者提供物质帮助，以保障失业人员在失业期间的基本生活，方便他们再就业。

（5）提供工伤保障。发生工伤后，职工能够领取一定的保险赔偿金。劳动者在工作或特殊情况下，遭受意外伤害或患职业病导致暂时或永久丧失劳动能力以及死亡时，劳动者或其遗属就能从国家和社会获得一定的物质帮助。

2. 职工社保

用人单位为员工交纳的五险主要为：养老保险、医疗保险、失业保险、工伤保险和生育保险。其中，养老、医疗和失业保险是由公司和职工个人共同承担的，而生育保险和工伤保险完全由公司承担。另外，灵活就业人员自己在社保局交纳的是灵活就业职工社保，但只能交纳医疗和养老两项，有些地区只能单独交纳养老保险。

（1）养老方面。达到法定退休年龄并累计交够 15 年，就能办理退休然后按月领取养老金，但不同地区规定会有差异。比如天津市规定：男士退休年龄是 60 岁，女士是 50 岁，女干部 55 岁；同时，针对特殊人员，还设立了提前退休政策，具体参考当地政策。职工退休养老金的计算方法为：

养老金保险 = 基础养老金 + 个人账户养老金

基础养老金 =（全省上年度在岗职工月平均工资 + 本人指数化月平均缴费工资）÷2× 缴费年限 ×1%

（注：本人指数化月平均缴费工资 = 全省上年度在岗职工月平均工资 × 本人平均缴费指数）

个人账户养老金 = 个人账户储存额 ÷ 计发月数

（注：计发月数≈（人口平均寿命 − 退休年龄）×12。目前 50 岁为 195 个月、55 岁为 170 个月、60 岁为 139 个月，不再统一为 120 个月）

（2）医疗方面。职工住院时，可以根据社保报销规定报销一部分费用。医疗保险报销金额比例是固定的，与住院花费的项目内容、医院级别、是否本地就医、是否急诊等因素有关。通常，入院时主治医生会根据病人病情和治疗手段告知病人及家属大概的报销比例。

职工医疗男士累计交满 25 年，女士累计交满 20 年，就能享受终身医疗待遇。退休后即使不再交费，也可以享受医疗待遇，若没有达到规定年限，退休后就只能选择居民医保，交一年保一年。

（3）失业金。失业保险金是给失业人员的一种临时补偿，可以满足失业人员的基本生活需要。不过，要想领取失业金，需要具备一定的条件：按规定参加失业保险，所在单位和本人已缴费满 1 年；失业不是因为本人意愿中断的；本人已经依照法定程序办理了失业登记；本人有求职要求，愿意接受职业培训或职业介绍。《失业保险条例》第十七条：失业人员失业前所在单位和本人按照规定累计缴费时间满 1 年不足 5 年的，领取失业保险金的最长期限为 12 个月；累计缴费时间满 5 年不足 10 年的，领取失业保险金的最长期限为 18 个月；累计缴费10年以上的，领取失业保险金的最长期限为24个月。重新就业后再次失业，要重新计算缴费时间，领取失业保险金的期限可以与前次失业应领取而尚未领取的失业保险金的期限合并在一起计算，但最长不能超过24个月。

失业前，失业保险金累计交满1—2年的，领取失业保险金期限为3个月；2—3年的为6个月；3—5年的为12个月；5—8年的为15个月；8—10年的为18个月；10年以上的为24个月。

（4）工伤待遇。依据《工伤保险条例》，职工因工作遭受事故伤害或患职业病进行治疗，享受工伤医疗待遇，具体内容包括：

工伤医疗待遇。这项待遇主要包括工伤医疗费用、康复性治疗费用和辅助器具安装配置费用。工伤职工在签订服务协议的医疗机构治疗工伤，所需医疗费用符合工伤保险诊疗项目目录、工伤保险药品目录、工伤保险住院服务标准规定的，由工伤保险基金支付。工伤职工到签订服务协议的医疗机构进行康复性治疗，费用支付由工伤保险基金支付。工伤职工因日常生活或就业需要，经劳动能力鉴定委员会确认，安装假肢、矫形器、假眼、假牙和配置轮椅等辅助器具所需费用，按照国家规定的标准，由工伤保险基金支付。

伤残待遇。伤残待遇包括一次性伤残补助金、伤残津贴、生活护理费。职工因工致残被鉴定为1—10级的，按照伤残等级由工伤保险基金一次性支付给本人补助金。职工因工致残被鉴定为1—4级，由工伤保险基金按月支付伤残津贴；如果伤残津贴实际金额低于当地最低工资标准，由工伤保险基金补足差额。工伤职工已经评定伤残等级并经劳动鉴定委员会确认需要生活护理，由工伤保险基金按月支付生活护理费。

工亡待遇。工亡待遇包括一次性工亡补助金、丧葬补助金和供养亲属抚恤金。工亡职工家属可一次性领取工亡补助金，其标准为48—60个月统筹地区上年度职工月平均工资。工伤职工家属可领取专项补助金丧葬补助金，其标准为6个月统筹地区上年度职工月平均工资。由工亡职工生前提供主要生活来源、无劳动能力的亲属可领取供养亲属抚恤金，按工亡职工本人工资的一定比例按月支付。

3. 职工社保的常见问题

（1）断交。如今，人们工作变化比较大，社保断交是很常见的问题。断交期间，最大的影响是不能享受医疗待遇，断交超过3个月，即使后来又续交，也会存在一段时间的等待期，但对养老方面不会造成很大影响，因为是按照累计时间计算退休金的。因此，社保断交后，要根据自己的需要及时找单位续交，或以灵活就业的身份去交。

（2）补交。社保并不是想补交就能补交的，需要符合本地的补交条件，每个地区规定不同，需要补交哪个地区的，需要提前到该地区所在的社保部门进行咨询转移。个人跨统筹地区就业的，基本养老保险关系会随本人转移，交费年限会累计计算。达到法定退休年龄时，基本养老金分段计算，统一支付。

（3）合并。如今，人群流动性比较大，很多人在A地交了几年社保之后又在B地或C、D等地交纳社保。对于这种情况，到退休年龄时，不同地区交纳的社保会合并到一起计算。

（4）退休地的选择。一直在户籍所在地交纳社保的，在户籍所在地办理退休。户籍地是A但一直在B地区交纳社保，且交纳时间满10年，按B地区规定办理退休享受B地区待遇。户籍地是A但一直在其他地区交纳社保，退休时其基本养老保险就会转回上一个交费年限满10年的参保地办理退休，享受基本养老保险待遇。如果在这几个地区交费都不满10年，就会转回户籍所在地办理退休并享受户籍地的基本养老保险待遇。

4. 住房公积金

职工在购买商品房时，可以申请住房公积金贷款，该贷款利率比普通商业住房贷款利率低很多。部分地区公积金管理中心规定，可以使用住房公积金直接偿还贷款本息或者进行房屋装修。依据政策规定，符合当地要求的还可以申请住房公积金的转移和取现等。

（三）养老的补充保障——商业保险

很多人都觉得只要有社保，就不需要商保了。其实这种认识是错误的。购买了社保，确实可以报销部分医疗费用，但对于养老计划来说还远远不够。因为社保只是养老的一个最基本的保障。如果将养老金比作一顿饭，社保就是米饭，商业保险则是菜和肉，所以养老金仅靠社保还远远不够，商业养老保险是养老金不可或缺的组成部分。

1. 商业养老保险的优势

社会养老保险的交纳期限是固定的，必须交够一定的年限才可以领取。但是，商业养老保险异常灵活，流动性更强，兼具储蓄和投资的功能，甚至还附加了寿险和重疾的功能，有效规避了一些不确定性，提供了养老保障，可以弥补社会养老保险替代率低或没有社会养老保险的问题。

2. 商业养老保险的分类

（1）传统型养老保险。这种养老保险利率固定，预定利率一般确定为2%—2.4%，风险低，回报固定。但固定利率很难抵抗通货膨胀，因此适合保守的人购买。

（2）分红型养老保险。这种养老保险有保底的预定利率，但比较低，此外还有不确定的分红利率，适合有一点儿风险承担能力的人购买。

（3）万能型寿险。这种养老保险有保底利率，还有不确定的“额外收益”，利率按月结算，复利增长，可以有效抵御银行利率波动和通货膨胀的影响，适合坚持长期投资、自制力强的理性投资者。

（4）投资连结保险。这种养老保险是一种基金，也是一种长期投资产品，设有不同风险类型的账户，与不同投资品种的收益挂钩，风险较高，但收益也高，适合风险承受能力强的人投资。

3. 商业养老保险规划

（1）定额。所谓定额，就是确定自己需要购买多少商业养老保险。按照国际惯例，商业养老保险提供的养老金额度应占到全部养老保障需求的25%—40%。如果已经购买了社会基本养老保险，考虑到生活水平逐步提高和物价等因素，投保人适合购买50万元左右的商业养老保险。

（2）定型。所谓定型，就是选择适合自己的养老保险产品。传统型和两全型保险，不仅回报额度明确，投入也较少，比较适合工薪阶层的养老需求；而投连型和万能型保险投入较高、风险较大，适合风险承受能力较强的高收入人群。

（3）定式。所谓定式，就是确定养老金的领取年龄、领取方式和领取年限。领取年龄，在投保时可与保险公司约定，一般限定50岁、55岁、60岁、65岁等几个年龄段；领取方式分为三种：一次性领、年领、月领；领取年限，总体来说，保险公司一般都会保证投保人领满10年或20年。

4. 商业养老保险的缴费方式

（1）趸交。一次性交费可以省去每年定期交费的麻烦，也不会出现忘记交费的情况，省心省事。同时，还能避免变故。人生中很多事情都无法预料，如果经济情况良好，收入稳定，一次性交完保费后，就不会出现无法负担后期保费的情况。

（2）期交。分期交费最大的优势就是可以分散经济压力，商业养老保险的期交也是如此。此外，还可能更便宜。从数额上来看，虽然期交的保费全部加起来比一次性交纳的保费高，但考虑到通货膨胀率，最终的交费数额可能还比一次性交费低。

（四）社保与商业保险的区别

1. 保险性质不同

社保，是国家性质的基础保障。

商业保险，是一种个人行为，是自愿的，是一种更高层次的生活安排和体现。

2. 交费时间和金额不同

社保需要交满规定的年限，且只要参与，每个人所交纳的社保金额一般会随着时间变化而增加。

商业保险交费时间灵活，是购买时确定好的。商业保险的交费要根据自己的经济情况自愿选择，对应的保障和交费金额是成正比的。

3. 保障功能不同

社保对于在交费期间或还没领几次就身故的人来说很不划算，到时会按个人账户价值部分退还及丧葬费的限额报销，这对家人来说，补偿力度是不足的。

商业保险是保障型产品，生效后，不论投保时间长短，即使只交一次费，在合同规定范围内，也会对被保险人的身故给予高额赔偿。

4. 变现功能不同

社保的交纳，中间是不能取出钱的，只有交满时间且到规定的退休时间后，才能取出钱来，且领取的多少也是被动的。

商业保险的领取相对方便，可以利用保单贷款或直接领取减低保额等方式，做应急资金的变现。

5. 防通货膨胀功能不同

社保的费用会随着货币的变化而水涨船高；领取养老金是按照退休时候平均工资计算的，我们都无法提前知道自己退休后能领取多少养老金。

商业保险的交费相对固定，领取时间和金额也是提前设定好的，但无法完全避免通货膨胀。

6. 受益对象不同

社保是针对个人的，功能会随着个人的离世而消失，家人或后人无法继承。

商业保险可以指定受益人。

7. 资产传承功能不同

社保没有传承的功能。

商业保险具有安全保险和传承资产的功能。

四、财富传承

说到财富传承，很多人会觉得这是富豪才需要考虑的事情，至少也是净资产达几千万元的高净值人群的“专利”。其实，很多中产阶层经过一生的努力，也积累了不少财富，但如果没有做好规划，在传承的过程中，这些财富很可能流失或缩水，甚至还会给子孙带来灾难。比如很多普通百姓就是因为财产传承没有安排好，父子、母女等反目成仇，或兄弟姐妹之间大打出手。

那么，如何保护这些财富，确保它们最终造福亲人，传给我们想传的人呢？答案就是做好财富传承规划。

（一）财富传承的三个原则

1. 家庭和谐

家庭内部一旦因财富及财富传承问题出现纷争，就会影响家庭内部的和睦。在财富传承过程中，要有序地交接班、和谐地传承。可是，多数情况是，很多人创造了财富，但无法保有和传承财富。由于没有及时对财富进行管理，造成在财富传承时家庭和家族纷争不断。

2. 子女成长

理想的财富传承，通常都能引导、促进家庭和家族成员的健康成长。传承之所以难，一个重要的原因就是需要平衡财富与人的关系。财富都具有双重属性，既具有正能量属性，也具有负能量属性。传承得好，财助人旺；反之，就会毁人损财。林则徐说："子孙若如我，留钱做什么，贤而多财，则损其志；子孙不如我，留钱做什么？愚而多财，益增其过。"这段话完美诠释了财富对人产生的负面影响。在财富传承过程中，如何让家族后代不被财富的负能量所伤害，比和谐传承更困难。

3. 富贵代代传

这是更加远大的目标，也是最难实现的目标。将财富和谐地传承下去，已经很难；若以此为基础，要想实现财富久远、家业常青，更是难上加难。"富不过三代"不仅是一句谚语，更是财富传承进程中的魔咒。物极必反的自然法则、坐享其成的人性弱点，都会影响财富的传承，要想破除这个魔咒，需要人们付出更多努力。

（二）传承财富的工具

在家族财富传承规划过程中，最常用的四种传承工具：生前赠予、身后继承、家族信托、大额保单。下面，我们就将这四种工具各自的优缺点一一进行比较。

1. 生前赠予

所谓生前赠予，就是将部分或全部财产在有生之年以一次或分次的方式进行全数移转。

（1）优点。一是节税优惠。在世界各法系中，这是节税最优的一种所有权传承方式。比如中国台湾地区法律规定：每人每年有 111 万台币的赠予免税额度。利用分年赠予的方式将每年的赠予总额控制在 111 万台币之内，就能享受免课赠予税的税赋优惠；善用赠予免税额，及早做好长期规划，20 年就能拥有2220万元的赠予免税额，可以长期节税。二是所得分散。同样以中国台湾地区的法律为例：如果个人的所得已经达到综合所得税的最高税率40%，加上个人的银行存款、公债利息收入已超过所得税的利息优惠27万台币时，依然要并入课税。因此，可以运用赠予方式将部分资产赠予成年子女，利用子女申报来分散所得。三是让子女有学习的费用。将钱财赠予子女，子女就能提早学习如何运用数量较为庞大的金钱，建立起善的金钱观念。四是子女有创业本钱。以分年赠予的方式为子女准备资金，子女在成年时，如果想自行创业，就能有充足的资金完成抱负和理想。五是依自我意志分配。在生前意识清醒之时，财产所有权人可以按照自己的意愿分配财产，也可以根据子女的能力或性格分别分配给他们不同性质的资产，这样不仅灵活，还能避免继承时因遗产分配不均而引发的家庭或家族纷争。

（2）缺点。一是丧失所有权。赠予人生前赠予的财产属于受赠人所有，赠予完成，赠予人就会失去财产的所有权，对于财产也将无法掌控。如果受赠人想任意处分或不当管理财产，赠予人都无法对其行为进行约束。二是子女不求上进。随着父母赠予子女的财产与日俱增，子女不用辛勤工作就能坐拥万贯家财，容易让子女产生惰怠心理。依赖父母供给就能衣食无缺，子女自然就不会努力奋发向上。三是子女挥霍家产。如果子女年幼时没有形成正确的金钱观念，获得大笔的财产后，容易任意挥霍，花钱如流水，甚至败光家产。赠予人赠予完财产后，既无法撤销，也无法掌控，如果子女的金钱观不健全，就要考虑一下是否适合生前赠予。四是老年生活无人照顾。父母将所有资产转移到子女名下，自己名下没有资产，一旦将来丧失生活能力，甚至重病在床，急需用钱，不孝子女却不愿回来照顾父母的生活起居，将会晚景凄凉。

2. 身后继承

简而言之，其实就是被继承人去世后财产的继承。被继承人身故后，名下所有未移转出去的财产，在继承日（即继承人死亡日期。《中华人民共和国民法典》第 1121 条规定，继承从被继承人死亡时开始），以继承的方式移转给继承人或受遗赠人。

（1）优点。一是税务利益。从世界法律视野来看，遗产税的规划空间比较灵活，免税额加扣除额的空间相当宽泛，税率也较为宽松。适当地规划留待身后继承的财产，比在临终前盲目地转移资产更安全。此外，对于不动产部分，如果土地以继承的方式移转给下一代，很多国家是免征土地增值税的。增值成本过高的土地，留待身后继承，往往更划算。二是代子女管理保护资产。生前代为管理，直到子女成熟后有能力再管理更多的资产。财产越晚交接，财产管理的安全性就越高。三是预立遗嘱方式分配遗产。配合遗嘱，遗产的分配和移转就能更自主、公平和合理。同时，财产依然握在自己手中，可以更好地约束子女的行为。到了老年，生活也能自行照料，金钱自主，无后顾之忧。

（2）缺点。一是自我意愿分配。虽然预立遗嘱可以解决继承时的分配问题，但遗嘱依然受限于民法特留份的限制。被继承人生前虽然预立遣嘱，对自己的遗产进行了分配，却无法完全依照自己的意愿分配。二是协议不成家族分裂。如果继承人对于某几项财产的继承处分方式存在争议，就要通过协议及继承人之间的互相让步得到圆满解决。但在实际案例中，越是庞大的遗产，继承人之间的利益冲突越鲜明，争执越多，最后只能通过诉讼的方式解决。诉讼之后，天伦之乐已不复见，甚至还会至死不相往来。三是财产共有处分困难。如果部分遗产继承人之间争夺所有权，协议之后也没有结果，而该笔资产又不适合分割（如土地），最后就只能以共有的方式共同继承该笔财产。如果将来想再处分该笔财产，就要由所有共有人同意，如此就增加了该财产变现的困难，更无法实现财产价值。四是子女挥霍家产。继承人若是有不成器的子女，将来分配遗产时会是父母的一大烦恼。生前不敢赠予他们财产，继承财产后若没人约束，更会不知节制地挥霍父母留下的遗产。纵使通过遗嘱的方式将财产分配给其他子女，但仍会受限于民法特留份的问题，无法避免不成器的子女继承其家产。

3. 家族信托

将资产全部或部分转入一个或多个信托，可以给家庭带来众多好处。原因在于：信托可以让家产分配更公平，达到使继承人的受益权明白确定、财富累积、家产永续经营及照顾子孙等效果；可以解决“生前赠予”及“身后继承”存在的无法解决的问题。这些都是“个人信托”被引进家族财富传承规划的主要原因。

（1）优点。一是财产分配公平。每位子女或继承人可以从信托财产中取得委托人所分配的部分财产或利益，分配的方式与内容都详细记载于信托契约中，甚至第三代、第四代子孙也能拥有信托的受益权。即使受益人对于所分配的财产或利益范围有意见，也不能对抗信托契约中载明的条文。二是以受益权代替继承权。“个人信托”的受益权可以取代遗嘱的继承权或遗产内的应继份，特别是财产复杂、子孙众多等难办的案例，最适合用信托作为财产分配的工具。三是财产处分容易。共有人越多，财产的处分，特别是不动产的处分就会越困难。持有时间越长，持有人就越多，出售财产的困难度也就越高。但是，只要将财产信托，只要以受托人名义持有，即使持有时间超过 100 年，处分也不会太难。四是有能者管理。将财产信托，交由专业人士、公正的第三者或家族中优秀的人来管理，只要他们的能力够强，专业度足够，就能让资产增值数倍，而信托中的每一位受益人所能享受到的受益权都会比原来增加。同时，记载清楚的条文及公正的管理和分配也会让受益人心服口服。五是避免家族纷争。依委托人的意愿，个人信托将分配方式详细地列明于信托契约之中，不仅讲得清楚、明白，也将每一位继承人的权益计算得清清楚楚，受托人也能公正地进行契约分配，纷争自然就不容易产生了。六是财富累积。财富的累积，依赖于时间。运气和机会是红利，时间才是正常的股息。不要一代一代地分散资产，要聚沙成塔，假以时日，小钱也能成就大家产。七是家产永续。设立契约，将家产信托，时间控管加长，专人专门管理，就能解决“富不过三代”的难题。八是荫泽后人。成立一份主旨为专门照顾后代子孙的“信托”，通过专业完善的信托结构设计，可以提供足够的资金让子孙后代完成学业深造，甚至当生活出现困难时，可以自信托中取得基本的生活费用。九是更好的起点。一份专业完善的信托契约，会给后代提供高人一等的起跑点，包括学费补助、创业低利贷款等，让祖产造福子孙。十是企业永续。个人要想家业永续经营，实现企业股票、经营权以及所有权分离等高难度规划，都可以借助信托契约来设计达成。即使要控制的时间超过 100 年，对于个人信托来说，并不是大问题，更不会发生“百年老店”一朝倒闭、让人唏嘘不已的憾事。

（2）缺点。一是费用大。从本质上来说，信托是一个法律架构。最简单的信托架构，需要做一套信托法律文件，自然会涉及高昂的律师费：指定一个专业的信托公司，每年也要支付 1% 左右的管理费。如果想做得专业些，离岸信托下面还要放一个或多个离岸公司。可见，设立一个家族信托，设立费和运营费都是不小的开销。二是资产控制权的让渡。从法律上来说，一旦设立了家族信托，财产委托人就已经把财产的所有权让渡出去了，对这些资产也就没有控制权了。严格来讲，对这些资产有控制权的是信托受托人，而不是财产委托人。当然，信托受托人也不能随心所欲地对这些财产进行支配，需要按照信托规定的范围和条件进行管理或分发。三是隔离效果存疑。很多财产委托人都是第一代创业家，有些甚至是白手起家，通过自己的努力挣得大量财富。他们珍惜自己的所得，会竭尽全力保证家业的安全，而信托虽然具备一定的风险隔离功能，但也不是百分之百。因此，为了确保自己的合法权益，在设立家族信托之前，财产委托人需要进行一番调查，了解信托架构中什么可以做、什么不可以做，之后再做决定。四是生效存疑。在国内设立信托，信托登记遵循的是“登记生效主义”原则，即信托财产只有依法办理登记才能产生效力。因此，财产委托人设立信托，必须将其财产进行登记公示。

（3）家族信托的门槛。家族信托的服务对象为18周岁以上持有有效身份证件、具有完全民事行为能力的私人、银行签约客户或潜力私人银行客户。

第一阶段拟通过合作信托公司向客户推出个性化家族信托，其起点原则上在3000万元（含）以上。信托财产可以分期交付，首期1000万元起，余款半年内交付完成。在第一阶段经验积累的基础上，通过合作信托公司，向客户推出标准化家族信托，其起点原则上在600万元（含）以上。

不同于多个委托人的集合信托业务，家族信托业务均是单一的委托人，由委托人和受托人签署个性化、定制化或标准化的信托合同，建立法律契约关系。

（4）保险金信托。家族信托的门槛太高，大部分投资者都难以企及，于是市场上出现了一种创新的类“家族信托”——保险金信托。其实，保险金信托是家族信托再嵌套人寿保险产品，委托人在设立家族信托的同时，还投保了一份他（她）身故之后给付给被保险人的人寿保险产品。保险一般是一次性赔付，投保人为了避免后代挥霍浪费，在投保的同时，就会将受益人约定为自己的家族信托。

保险金信托大幅降低了设立家族信托的门槛，原来达不到金融净资产1000万元的客户，如果想设立家族信托，就可以购买保险金信托。国内很多富豪现在也有通过借助离岸家族信托实现财富传承的。

离岸家族信托和国内的家族信托，从本质上来说，都是财富传承的信托安排，但离岸家族信托更多指的是那些在海外已经有资产的高净值人士，方便实现海外资产的财富传承。而海外家族信托最多的是开曼群岛、英属维尔京群岛、新加坡和中国香港地区。离岸信托具有私密性，且国外或相关地区的信托法律相对成熟，既可以满足对财富的管理和传承需求，还可以规避风险。因为信托资产成立后，会从个人财产中分割出来，是独立运作的资产，不能被抵债。

4. 大额保单

作为中产阶层，用大额保单作为一种传承方式，相对而言比较适用。

（1）优点。一是风险转移。大额保单是一种风险管理工具，可以通过风险转移的方式，将高净值人士的人身风险转嫁给保险公司。大额保单以被保险人的生命为标的，以被保险人的死亡为给付条件，是财富传承中的重要工具。二是杠杆作用。被保险人使用较低的资金，就能获得较高的保障。三是债务相对隔离功能。利用大额保单特殊的结构、保险现金价值与保单实际价值的差异以及保单贷款等因素，可以在一定程度及情况下实现债务隔离的功能。四是专属传承。通过对投保人、被保险人以及受益人的恰当设计，就能实现财富传承的专属性。例如，以父母一方为投保人，孩子为被保险人投保的年金保险合同，生存金受益人设定为孩子，该保单就属于个人所有，与其配偶无关。五是税收优惠。作为社会的稳定器，无论国外还是国内，大额保单在税务上都能得到“特殊照顾”。大额保单的死亡理赔金一般由保险公司直接给付受益人，不会纳入被保险人的遗产计算，因此在多数国家和地区，保单可以避遗产税。六是保险公司运营稳健。年金类保险产品按预定利率进行精算，只要不提前终止合同，基本上不会损失本金。每年领取的年金十分稳定，终身型年金保险可以终身领取，是伴随一生的现金流。七是监管严格。各国保险公司监管非常严格，多数国家对保险公司破产都有预案措施，能够最大限度地保证投保人和被保险人的利益。八是可以实现秘密传承。只要投保人和被保险人签字，保险合同就能立刻生效，不用通知其他亲属，可以较好地避免家庭争端。

（2）缺点。一是保险公司对被保险人年龄的限制。被保险人的年龄上限为 65 岁，不仅保费较为昂贵，同时在这个年纪，人的身体都会出点儿问题，导致保险公司拒保或加费承保；如果年纪过小，可投保的保额也会非常有限。二是相对对抗债务。即使保单设计得再完美，也会遇到一些无法预料的情况，例如，父母突然死亡。一方面，保单的现金价值可能会作为投保人的遗产而在继承者中进行分配；另一方面，如果将投保人变更为已成年的孩子，就存在财富被挥霍的风险。如果作为父母的投保人欠债，这份保单的现金价值就会作为父母的财产而可能被追偿，传承计划就会落空。三是造成的保险架构不稳定。《中华人民共和国保险法》若干问题的解释（三）中第十条规定：投保人或被保险人变更受益人，当事人主张变更行为自变更意思表示发出时生效的，人民法院应予支持。投保人或者被保险人变更受益人未通知保险人，保险人主张变更对其不发生效力的，人民法院应予支持。投保人变更受益人未经被保险人同意的，人民法院应认定变更行为无效。四是隔代投保效力在实践中须过“父母关”。我国对未成年人死亡保险道德危险的限制方式主要有三种：父母投保、保险金额以及被保险人同意。具体来说，对于未成年人，如果父母对其投保死亡保险，不需经未成年人同意，但死亡保险金额受金融监管部门规定的限额限制。同时，我国虽然禁止父母之外的人为无民事行为能力人投保，但未完全禁止父母之外的人为限制民事行为能力人投保死亡保险。也就是说，只有父母才能为10周岁以下的未成年人投保。

后 记

财富是现代人非常关心的话题，但是人们往往更关注获取财富的方式和结果，而很少关心财产创造的源头——我们自己。“人如其面，各有不同”，不同的人都具有自己独立的性格，这就导致每个人获取财富的方式不同，实现财务自由的路径和规模也各不相同。有的人的财富路径像涓涓细流、水滴石穿，通过个人的勤奋努力、长期积攒，最终实现理想的生活；有的人通过创业实现了财富的自由；还有的人靠缜密的规划和资产配置实现了财富的增长。资产配置模型中有不同风格的投资者，稳健型也好，激进型也好，其实对应的是每个人与生俱来的性格特质。什么样的人做什么样的事，天性特质是一个人长久做事的基础，财富的累积不是“坚持”来的，巴菲特 90 岁依然活跃在资本市场，他不是“坚持”价值投资，而是以此为乐。他从小就发现了自己的投资天赋，并运用这种天赋来挣取财富，享受着投资带给他的乐趣。

我在现实生活中看到很多人并不“享受”投资本身带来的快乐，而是沉浸在妄想获得超额收益的贪婪中，其结果往往事与愿违。每个人都有自己获取财富的天赋和路径，这是资产配置中建立底层资产的基础。离开了这个根基，投资就会成为无源之水、无本之木。每个人创造价值的能力不同，所以底层资产的大小就不尽相同，而投资理财是在自己的底层资产上去实现保值和增值。很多人制订了要挣多少钱才能实现财务自由的计划，而不知道真正的财务自由是摆脱对钱的恐惧，是有信心发挥自己创造价值的能力。我们不能把财富与幸福画等号，更不能“一刀切”地用数字来衡量财富自由的程度。财富是手段，幸福才是生命的目的。

好友吴宾的这本《给中产阶层的投资理财书》表面上看是详尽介绍了各种理财工具的投资要领，实则是期望每个人根据不同的天性优势去选择最符合自己的投资路径。通往财富的路千万条，最适合自己的才是黄金大道。在此借本书的出版祝愿各位读者回归本位，从财富源头——自己的天性禀赋出发，来实现财富的增值。因为在财富路上，选择比努力更为重要！

梁　玉

人才教育专家、北京师范大学区域教育均衡发展研究中心研究员、性格罗盘认证咨询师

2021 年 12 月 12 日夜　北京

参考资料

1. 阿比吉特·班纳吉、埃斯特·迪弗洛:《贫穷的本质》，景芳译，中信出版社 2013 年版。

2. 古斯塔夫·勒庞:《乌合之众》，戴光年译，新世界出版社 2010 年版。

3. 拉斯·特维德:《逃不开的经济周期》，董裕平译，中信出版社 2012 年版。

4. 亚当·斯密:《国富论》，陈星译，北京联合出版公司 2013 年版。

5. 蔡垒磊:《认知突围》，中信出版社 2017 年版。

6. 霍华德·马科斯:《投资最重要的事》，李莉、石继志译，中信出版社 2015 年版。

7. 彼得·考夫曼:《穷查理宝典》，李继宏译，中信出版社 2016 年版。

8. 资料其他来源：百度、搜狗、搜狐、微信公众号等网络最新资讯。